Aktien für Einsteiger 2021

Der komplette Investment Guide: Vom Anfänger zum Intelligenten Investor in 4 Wochen - Wie Sie von Trends profitieren und langfristig passives Einkommen aufbauen

Andreas Beaumont

ISBN –9798698038610

Inhaltsverzeichnis

Über den Autor

Andreas Beaumont wurde 1975 in Berlin, Deutschland, geboren. Seine beiden Eltern waren sehr wohlhabend und besitzen und verwalten auch heute noch mehrere erfolgreiche Unternehmen. Andreas Beaumont studierte Wirtschaftswissenschaften an einer angesehenen Privatuniversität. Er ist erfolgreicher Immobilieninvestor und gibt sein Fachwissen als Professor an seiner ehemaligen Universität weiter. Er ist Eigentümer mehrerer Wohnsiedlungen und mit seiner Immobiliengesellschaft sehr erfolgreich auf dem Immobilienmarkt tätig. Als persönlicher Finanzberater hat er bereits für bekannte Persönlichkeiten gearbeitet und gibt sein Fachwissen als Autor nun in seinen Büchern weiter.

Mit seinen Tipps und Tricks in finanziellen Angelegenheiten können auch Einsteiger im Bereich der Finanzanlagen wertvolle Einblicke und aus eigener Erfahrung lernen. Andreas Beaumont hat sich auf Themen wie den Immobilienmarkt und Kapitalanlagen spezialisiert. Er sagt: "Es gibt Berechnungsmodelle, um die Zukunft an den Finanzmärkten vorherzusagen. "Das

Problem ist jedoch, dass sie oft ungenaue Prognosen liefern, weil die Zukunft das eigentliche Thema ist, um das es geht und nicht vollständig berechnet werden kann. Aus diesem Grund arbeiten Analysten oft mit dem, was sie als Marktstimmung bezeichnen".

Einleitung

Aktien üben eine starke Anziehungskraft auf die Menschen aus, ebenso wie das Glücksspiel und Casinos. Leider aber setzen viele Leute beides gleich. Im Glücksspiel jedoch sind die einzelnen Spiele gegen den Spieler ausgerichtet und geben der Bank einen Vorteil. Am Aktienmarkt investierst du in Unternehmen, die auf einen Gewinn aus sind und alles dafür tun, diesen Gewinn auch zu realisieren. Hier sind die Chancen auf deiner Seite.

Casinos und Glücksspiel treiben Leute in die Armut. Aktien machen Investoren reich. Aktien erlauben ein gezieltes Vorgehen, ein Abschätzen, in was du investierst und wie viel Profit du damit erhältst. Glücksspiel ist eine Angelegenheit von Glück.

In diesem Buch wirst du entdecken, warum Aktien nichts mit Glücksspiel gemein haben und wie du sie mit Verstand und Strategie für dich nutzen kannst. Du wirst lernen, welche Regeln es gibt und wie sie nicht die anderen, sondern dir einen Vorteil bringen. Ultimativ wirst du entdecken, wie dieser Vorteil sich in deinen Profit verwandeln lässt.

Der Aktienmarkt ist eine Investition

Den Anfang macht die Erkenntnis, dass dein Einstieg in den Aktienmarkt eine Investition darstellt. Als solche unterliegt sie den allgemeinen Regeln für Investitionen und Anlagen. Diese Regeln stammen von erfolgreichen Investoren, die es bereits vor dir nach oben geschafft haben. Damit nimmst du dem Ganzen das Element des Glücks und ersetzt es mit einer vernünftigen Abwägung, die den Vorteil auf deine Seite bringt.

Regel 1 – Verstehe unbedingt, worin du investierst

Es gibt verschiedene Möglichkeiten, dein Geld zu investieren. All diese Möglichkeiten sind mit einem Risiko, der Chance auf einer Rendite, der potentiellen Höhe einer Rendite und potentiellen Verlusten verbunden.

Wenn du auswählen möchtest, worin du investierst, musst du als erstes einsehen, dass du jeden Euro am Anfang nur einmal investieren kannst. Das heißt, du musst zwischen mehreren Möglichkeiten auswählen. Dabei solltest du idealerweise auf die Möglichkeiten setzen, die dir die größte Gewinnaussicht, was sowohl dessen Höhe als auch dessen Wahrscheinlichkeit betrifft, bietet. Zugleich sollte dabei das Risiko, wieder sowohl die Chance auf einen Verlust wie auch die potentielle Höhe des Verlustes, möglichst gering sein.

Um die richtige Möglichkeit auszuwählen, die diesem Ideal am nächsten kommt, musst du aber all diese Variablen verstehen und dann diejenige nutzen, wo sich dein Euro am meisten lohnt. Das setzt jedoch voraus, dass du weißt, worauf du dich einlässt.

Oftmals werden Einsteigern Empfehlungen ausgesprochen, die diese nicht durchschauen können. Dann landen sie bei Schrottimmobilien oder in Hedge-Fonds. Das Ergebnis ist in beiden meist das Gleiche. Alles sieht am Anfang super aus und dann kommt der große Jammer.

In diesem Buch geht es um das Investieren in Aktien. Die sind oft genug mit anderen Finanzprodukten verbunden. Da lohnt es sich, mal einen Blick darauf zu werfen, was sich für einen Einsteiger eignet. Das heißt, was überhaupt leicht zu durchschauen und dann auch zu verstehen ist.

Die Anlage selbst	Das verbirgt sich hinter der Anlage	So leicht ist die Anlage zu durchschauen	So leicht ist die Anlage zu verstehen
Aktien	Anteilsscheine an Unternehmen Sie bringen Dividenden Sie lassen sich handeln	Du kannst sehen, wie sich die Unternehmen entwickeln. Auch bekommst du Prognosen und die Aussagen der Unternehmen für die Zukunft. Aktien sind also leicht zu durchschauen.	Aktien bilden die Basis für die meisten Produkte und sind damit die einfachste Form. Das macht sie leicht zu verstehen.
Optionen	Dahinter verbirgt sich das Recht darauf, in der Zukunft ein bestimmtes Wertpapier für einen festgelegten Preis zu erwerben.	Lässt sich leicht durchschauen, denn du kannst erkennen, welches Papier du zu welchem Preis kaufen kannst.	Optionen sind schon nicht mehr ganz so leicht zu verstehen. Hier geht es um die Korrelation zwischen dem versprochenen Preis und dem echten Preis, dazu kommen dann noch die Kosten für die Option selbst. Hier kann man schnell danebenliegen, weil man sich für die Zukunft festlegt und zugleich damit Kosten produziert.

Anleihen	Kreditscheine, die ein Darlehen belegen. Sie geben dir einen Anspruch auf die Zinsen und die Rückzahlung der Darlehenssumme.	Sie sind leicht zu durchschauen, denn sie beinhalten alle wichtigen Angaben, darunter auch wer wem was zu welchem Zins und in welchem zeitlichen Rahmen schuldet.	Sie lassen sich theoretisch leicht verstehen, denn es geht einfach nur um das Ausleihen und das Zurückzahlen von Krediten und deren Zinsen. In der Praxis werden jedoch gern auch komplizierte Bedingungen damit verknüpft, die das Verständnis deutlich erschweren.
Futures	Das ist ein sogenanntes Termingeschäft. Das bedeutet, dass eine Transaktion für die Zukunft vereinbart wird.	In der Theorie sind diese Papiere noch einfach zu durschauen. Es sind jedoch einige Voraussetzungen damit verbunden, die das Verständnis erschweren und damit auch die Transparenz beeinträchtigen.	Hier werden viele Variablen, die sich nur schwer vorausschauen lassen, bereits für die Zukunft festgelegt. Für Anfänger lässt sich kaum erkennen, welche Vorteile sich bieten oder wie damit ein Profit erwirtschaftet werden kann.
Aktiv gemangte Investmentfonds	Das ist ein Fonds, in welchem Investoren Ihr Geld einbringen und ein Manager damit Aktien kauft und	Ein aktiver Investmentfonds lässt sich nicht so leicht durchschauen, da die Manager ihre Strategie nicht	Da sich ein Investmentfonds nur schwer durchschauen lässt, ist er auch nur schwer zu verstehen.

	verkauft, um einen Gewinn zu erzielen.	unbedingt offenlegen. Darüber hinaus sind viele einzelne Positionen enthalten, deren Aktien sich unterschiedlich entwickeln. Damit ist es schwer, einen Überblick zu behalten.	Während das grundlegende Prinzip einfach ist, enthalten aktive Investmentfonds eher komplizierte Strukturen, die den Einzelfall nicht mehr leicht verständlich machen.
ETF	Ein passiver Fonds der einen Börsenindex abbildet.	Leicht zu durchschauen, denn der ETF folgt einem Index. Die Entwicklung des Index ist dann auch automatisch die Entwicklung des ETFs.	Leicht zu verstehen, denn hier wird einfach nur dem Index gefolgt. Das heißt, wenn du einmal verstanden hast, worum es beim Index geht, dann weißt du auch, worum sich der ETF dreht.

Wenn du dir diese Tabelle ansiehst, erkennst du schnell, dass Aktien und ETFs eine gute Wahl darstellen. Andere Anlageformen schneiden weniger gut ab, da sie sich nicht so leicht durchschauen bzw. verstehen lassen. Eine Ausnahme sollte jedoch für aktiv gemanagte Investmentfonds gemacht werden. Das liegt jedoch nicht so sehr daran, wie leicht sie verstanden oder durchschaut werden können. Es geht dabei mehr um andere Vorteile, die hier später noch angesprochen werden.

Regel 2 – Streue unbedingt deine Investition und senke damit das Risiko

Eine Anlage zu streuen, macht auf den ersten Blick nicht so ganz Sinn. Es sieht so aus, dass dies mehr Arbeit bedeutet, denn du musst dich in mehrere Möglichkeiten einarbeiten. Darüber hinaus ist jede Einzelanlage selbst mit einem Risiko behaftet.

Nehmen wir noch einmal das Gleichnis mit dem Glücksspiel zur Hand. Wenn du Roulette spielst, dann befinden sich 37 Felder auf dem Tisch und beim Amerikanischen Roulette sogar 38. Wenn du auf einem Feld gewinnst, dann erhältst du 36-mal deinen Gewinn. Das heißt, wenn du alle Felder abdeckst, verlierst du auf jeden Fall. Je mehr Felder du belegst, desto mehr steigt dein Risiko, während zugleich deine Gewinnaussicht sinkt. Das liegt daran, dass dieses Verhältnis zwischen Feldern und Gewinnauszahlungen die Bank begünstigt.

Bei Aktien setzt du nicht auf ein Feld, sondern auf Unternehmen. Diese bemühen sich nach Kräften, erfolgreich zu sein. Sie waren bereits erfolgreich, denn sie haben es an den Markt geschafft. Das heißt, hier arbeitet alles für dich. Wenn du nun auf immer mehr Unternehmen setzt, bedeutet das, dass dein Risiko sinkt und deine Gewinnchance steigt. Jedes einzelne Unternehmen hat für seine Existenz, nicht jede einzelne Aktion, eine größere Chance auf einen Erfolg als auf eine Pleite. Andernfalls hätte sich das Unternehmen nicht so lange am Markt gehalten.

Wenn du deine Investition streust, machst du dir selbst auch nicht viel mehr Arbeit. Wenn du anstatt in eine Aktie gleich in mehrere investierst, kannst du die gleichen Schritte für die Analyse für alle Aktien ausführen. Du musst dich nicht in ein neues Feld einarbeiten. Während du also schon etwas mehr Aufwand hast, ist dieser nicht übermäßig groß.

Wenn die Rede auf das Risiko kommt, wird auch dieses gern Missverstanden. Wenn du dir das Geschehen am Markt ansiehst, wirst du feststellen, dass Totalausfälle selten sind. Es geht also nicht darum, dass du zum Beispiel 10.000 Euro in Aktien zu jeweils 1.000 Euro streust und dann 1.000 Euro verlierst. Die anderen Aktien für zusammen 9.000 Euro würden sich schwertun, das wieder auszugleichen. Es geht eher darum, dass du das Ausbleiben eines Profites oder leichte Rückschläge ausgleichst.

Um das Ganze zu verstehen, musst du nur einen Blick auf den DAX werfen. Der Deutsche Aktienindex, DAX, besteht aus 30 wichtigen Unternehmen und bewegt sich nur nach oben. Das heißt nicht, dass nicht einzelne Unternehmen schwächeln, doch in der Gesamtheit gibt es nur einen Weg und der weißt eben nicht nach unten. Wenn du also dein Portfolio streust, kannst du in der Gesamtheit praktisch nur einen Gewinn machen. Wenn du jedoch nur in einzelne Aktien investierst, kannst du noch immer Verluste erleben.

Regel 3 – Es gibt nicht den schnellen Reichtum

Der einzige Weg, über Nacht reich zu werden, ist ein Lottogewinn. Dann sind wir jedoch wieder beim Glücksspiel und du kannst gern versuchen, dir deine Chancen für einen Millionengewinn im Lotto auszurechnen. Auf dem Aktienmarkt lassen sich gute und vor allem sichere Gewinne erzielen, doch diese kommen nicht über Nacht.

Willst du in Aktien investieren und damit ein Vermögen aufbauen, dann ist das immer nur ein Marathon. Du brauchst etwas Geld, um damit anzufangen. Du investierst es, machst einen Gewinn und investierst die Gewinne. Das geht so weiter, bis du das Vermögen hast, das du dir wünschst. Das dauert Jahre und Jahrzehnte, nicht Tage oder Nächte.

Regel 4 – Eine gute Rendite beginnt bei den Kosten

Renditen, die Profite, die du erwirtschaftest, sind einfach zu berechnen. Du addierst alles, was reinkommt und ziehst davon alles, was du dafür bezahlst, ab. Das Resultat ist deine Rendite. Was du für das Erreichen der Rendite zahlst, das sind deine Kosten. Wenn du die Rendite nur nach dem, was reinkommt, berechnest, denn ergibt das die Bruttorendite. Wenn du davon die Kosten abziehst, erhältst du die Nettorendite.

Oftmals versprechen dir Händler große Renditen, doch sie zeigen dir dann nur die Bruttorendite, denn die sieht immer so schön hoch aus. Was du jedoch auf dein Konto bekommst, das ist die Nettorendite. Damit die Nettorendite schön groß ist, kommt es nicht einfach nur darauf an, was reinkommt, sondern auch, was du dafür aufwendest. Kurz gesagt, je größer deine Kosten sind, je kleiner wird deine Nettorendite. Für einen guten Profit kommt es also darauf an, nicht nur viel aus dem Geld herauszuholen, sondern auch möglichst wenig dafür aufzuwenden. Habe also immer einen Blick auf die Kosten und halte diese niedrig.

Regel 5 – Der beste Moment ist immer genau JETZT

Viele Möchtegern-Investoren rechtfertigen ihr Zaudern damit, dass sie auf den richtigen oder den besten Moment warten. Das Resultat ist jedoch, dass sie nie den ersten Schritt wagen und daher nur Möchtegerns und nie Investoren sind.

Das Problem mit dem besten Moment ist, dass du diesen immer erst dann erkennst, wenn es zu spät ist. Damit du weißt, dass dies der beste Moment ist, musst du alle Umstände kennen und das geht nur dann, wenn das Geschehen vorüber ist.

Die Wahrheit ist also, dass der beste Moment immer genau der jetzige Moment ist. Wenn du jetzt anfängst, dann machst du einen Gewinn. Wenn du jetzt wartest, dann verzögert sich dein Gewinn. Je eher du einsteigst, desto mehr machst du. Eher ist damit also immer auch zugleich besser. Was aber ist eher denn das Jetzt? Darum ist das Jetzt der beste Moment.

Aktien sind und bleiben Krisensicher

Aktien sind und bleiben Krisensicher – Das ist ein Satz, der mit Corona wie Blasphemie klingt. Tatsächlich aber sieht Corona nur für die Unwissenden wie der Todeskuss für Aktien aus. Jeder, der sich am Markt auskennt, nicht die Möchtegern- und Gelegenheits-Investoren, kann dir bescheinigen, dass Aktien absolut krisensicher sind. Corona hat es für die Wissenden wieder einmal gezeigt. Wenn du dich bei Aktien auf eines verlassen kannst, dann ist es, dass sie Krisen überstehen und die Krisen selbst Gelegenheiten für gewitzte Investoren darstellen.

Corona, Aktien, Krisen und Gelegenheiten

Wenn es kriselt, dann wird es gefährlich. Das stimmt in einem gewissen Sinne. In Krisen gibt es Gewinner und Verlierer. Wenn du jedoch einmal genauer hinsiehst, dann wirst du sehen, dass nur die allerwenigsten Verlierer wirklich Verlierer sind. Die meisten von ihnen stehen nach einer Krise bald wieder dort, wo sie vor der Krise standen. Die Gewinner wiederum zeigen sich nicht gleich, doch sie starten durch, sobald die Krise halb überstanden ist.

Was heißt das für dich? Als erstes heißt das, deine Investitionen in Aktien zu streuen. Damit steigen deine Chancen, echte Gewinner in dein Portfolio aufzunehmen. Zugleich werden die Verlierer weit überwiegend nur aus temporären Verlierern bestehen. Das heißt, nach der Krise stehst du besser da als zuvor. Schau dir einfach mal den DAX an, um das Ganze zu verstehen. Dort werden die Aktien der 30 größten Unternehmen Deutschlands zusammengefasst. Hier siehst du seine Entwicklung mit Corona:

Referenz	Datum	Kurs des DAX
Höchststand des DAX vor Corona	17. Februar 2020	13.795,20
Tiefster Punkt während der Corona-Krise	18. März 2020	8400,18
Höchststand nach der Corona-Krise	02. September 2020	13.243,43

Wie du sehen kannst, hat der DAX innerhalb von weniger als 6 Monaten fast wieder den Höchststand erreicht, den er vor der Krise hatte. Das heißt, wenn du einfach nur deine Aktien hältst, dann sind sie krisensicher. Wenn du dann noch in der Krise, wenn die Kurse tief sind, nachkaufst, dann hast du eine goldene Gelegenheit genutzt. Du hättest eine Rendite von mehr als 50% in weniger als 6 Monaten machen können, hättest du im Moment des Tiefststandes groß zugeschlagen.

Warum gibt es die Krisen überhaupt

Krisen entstehen aus verschiedenen Gründen. Sehr oft stehen Marktbereinigungen oder einschneidende Ereignisse an ihrem Anfang. Marktbereinigungen sind der Einbruch von Unternehmen, die überbewertet waren. Das wiederum kann verschiedene Ursachen haben. Wenn jedoch große Unternehmen aufgrund dieser Bereinigungen schwächeln, dann kann es passieren, dass das eine oder andere davon tatsächlich in die Pleite geht. Oft genug jedoch fangen sie sich wieder.

Was jedoch die eigentliche Krise auslöst, das sind die Anleger. Wenn ein Unternehmen oder eine Branche schwächelt, weil der Markt bereinigt wird, dann gibt es Anleger, meistens private, die um ihr Erspartes fürchten.

Ebenso verhält es sich bei einschneidenden Ereignissen, wie zum Beispiel Corona.

Wenn diese privaten Anleger nun um ihr Erspartes bangen, dann ziehen sie ihr Geld ab. Es werden nun unerwartet viele Aktien auf den Markt geworfen und das senkt deren Preis. Das führt zu Kursverlusten, die nun andere Anleger veranlassen, aus ihren Aktien auszusteigen. Daraus entwickelt sich eine Lawine, denn der Markt wird von Aktien wahrlich überschwemmt.

Warum überstehen die Unternehmen die Krisen

Sehr oft sind die Ereignisse, die die Krisen auslösen, nicht wirklich für die Unternehmen bedrohlich. Sie können sich dann umorientieren und wie gehabt weitermachen. So hat Corona nicht die Infrastruktur in irgendeinem Land beeinträchtigt. Sobald die Lockdowns gelockert wurden, war es wieder Business as usual. Wenn jedoch einzelne Unternehmen tatsächlich in die Pleite gehen, dann bleiben das immer nur vereinzelte Erscheinungen. Diese hängen dann oftmals noch mit anderen Ursachen zusammen, wie zum Beispiel

Wirecard, dessen Untergang nicht auf Corona zurückzuführen ist.

Sobald die Unternehmen also ihren Weg gefunden haben, entdecken viele Investoren, dass die Welt nicht wie erwartet untergegangen ist. Zugleich sind andere Investoren am Markt geblieben und haben die Aktien an deren Tiefpunkten gekauft. Nun gibt es einen Run auf die verbliebenen Papiere und die Preise steigen. Da jedoch viele schon von harten Investoren, die nicht geflohen sind, gekauft wurden, erreichen die Kurse nicht gleich wieder den Höchststand, den sie vor der Krise hatten. Mit der Zeit normalisieren sich jedoch die Trades und Bewertungen und alles ist auch am Aktienmarkt wieder beim Alten.

Aktien und mehr

Der Handel mit Aktien ist nicht unbedingt nur auf Aktien direkt beschränkt. Es gibt, wie du in der Tabelle im vorletzten Kapitel sehen konntest, mehrere Produkte und Angebote, die sich um Aktien drehen. Diese sind auch eine Erwägung wert. Die lukrativsten für dich sind neben den Aktien selbst aktiv gemanagte Aktienfonds, auch wenn diese nicht so leicht zu durchschauen sind, und ETFs. Damit hast du drei Möglichkeiten zur Auswahl, die jede ihre eigenen Vor- und Nachteile mit sich bringt.

Der Handel mit Aktien

Aktien sind einfach nur Wertpapiere, deren Wert darin besteht, dass sie dir einen Anteil an einem Unternehmen geben. Dieser Anteil betrifft sowohl das Eigentum an dem Unternehmen, als auch an dessen Profit. Der Profit wird jährlich berechnet und es wird darüber entschieden, was damit geschehen soll. Das passiert auf der Jahreshauptversammlung. Als Aktionär hast du ein Recht darauf, daran teilzunehmen.

Auf der Jahreshautversammlung wird über wichtige Entscheidungen abgestimmt. Zugleich wird dort auch bekanntgegeben, ob es einen Profit gibt, ob dieser komplett reinvestiert wird oder ob damit Dividenden ausgezahlt werden. Die Dividenden werden pro Aktie festgelegt und die Summe, die du erhältst, ergibt sich dann daraus, wie viele Aktien du hältst. Aus dieser Anzahl leitet sich übrigens auch die Anzahl deiner Stimmen für die einzelnen Entscheidungen auf der Hauptversammlung ab.

Die Dividendenzahlungen werden dich nicht reich machen, doch wenn du genügend Aktien besitzt, ergibt sich daraus ein hübsches Sümmchen. Viel wichtiger als das ist jedoch das Geld, das du mit dem Kauf und dem Verkauf der Aktien machen kannst.

Der Kauf und Verkauf der Aktien direkt in Eigenregie hat mehrere Vorteile. Als erstes hast du damit das ganze Geschehen unter Kontrolle. Du wählst die Unternehmen aus, deren Aktien du kaufst, du entscheidest, wann du sie kaufst und wann du sie verkaufst. Damit bestimmst nur du über dein Portfolio.

Auf der Kostenseite besteht der Vorteil darin, dass du keinen Fonds und keinen ETF an deiner Rendite beteiligst. Du erhältst alles, was du erwirtschaftest. Auch kannst du dein Geld jederzeit wieder aus dem Markt nehmen, indem du die Aktien wieder losschlägst.

Es gibt jedoch auch Nachteile, wenn du selbst auf dem Aktienmarkt unterwegs bist. Das beginnt damit, dass du dich mit den Aktien befassen musst. Das unterscheidet sich dahingehend, ob du auf lange Sicht investierst oder als Daytrader handelst, dennoch musst du die Aktien prüfen, bevor du sie kaufst. Das heißt, je nach Anzahl der Positionen in deinem Portfolio kann sich daraus eine Vollzeitbeschäftigung ergeben.

Dann sind da noch die Kosten. Während du die Kosten für die Fonds und ETFs sparst, bezahlst du mehr für den Kauf und den Verkauf. Solange du nur weniger als 50 verschiedene Aktien in deinem Portfolio hast, bist du günstiger. Sobald du jedoch 50 Positionen überschreitest, sind Fonds und ETFs auf Dauer günstiger.

Der Einstieg in aktiv gemanagte Investmentfonds

Ein aktiv gemangter Fonds nutzt die Gelder von Investoren, um damit Aktien zu handeln. Du steigst in ihn ein, indem du Anteile an ihm kaufst. Damit bringst du dein Geld ein und dieses wird nun investierst. Du bekommst einen Prozentsatz des gesamten Gewinns des Fonds, der dem Anteil deiner Investition entspricht.

Aktiv gemanagte Investmentfonds folgen nicht unbedingt der ersten Regel für Investments, nämlich der, dass du unbedingt verstehen musst, worauf du dich einlässt. Investmentfonds, wenn sie einen aktiven Manager haben, folgen einer Strategie. Sie kaufen Aktien und verkaufen diese. Das alles geschieht, ohne dass du vorher konsultierst wirst. Niemand wird dir die Strategie genau im Einzelnen erklären, denn die Fonds wollen einander schlagen und sich nicht in die Karten schauen lassen. Darüber hinaus bestimmst du nicht, was wann gekauft oder verkauft wird.

Das bedeutet aber nicht, dass aktiv gemangte Investmentfonds grundsätzlich schlecht sind. Sie haben sich in der Vergangenheit nicht nur bewährt, sondern auch sehr gute Erfolge erzielt. Auch verstecken sie ihre Strategie nicht ganz vor dir. Es gibt Fonds, die dir eine generelle Idee davon geben, wie sie vorgehen. Das heißt, sie erlauben dir mitunter einen tieferen Einblick in das, was mit deinem Geld geschieht.

Wenn du einen guten Fonds findest, der sich über die Jahre bewährt hat, dann ist deine Investition in diesen sehr gut. Es sind aber auch hier einige Vor- und Nachteile damit verbunden. Die Vorteile beginnen damit, dass du als Einsteiger praktisch ohne Erfahrung handelst, während der Fondsmanager weiß, was er tut. Anstatt also selbst dein Glück zu versuchen, lässt du einen Experten ran.

Das aktive Management führt auch dazu, dass du dich nicht mehr mit der Auswahl der Aktien, der Kauf und deren Verkauf zu befassen brauchst. Du hast also mehr Zeit. Du kannst einem Tagesjob nachgehen und dabei zugleich dein Vermögen über den Fonds aufbauen.

Der größte Vorteil ergibt sich jedoch aus der Vorgehensweise des Fonds. Dieser streut das eingebrachte Geld der Investoren in viele Positionen. Das heißt, du streust dein Risiko erheblich mehr, wenn du schon in einen einzigen Fonds einsteigst. Damit liegst du bei den Regeln für das Investment wieder ganz vorne.

Dazu kommen die Kosten. Diese stellen einen Vorteil dar, wenn der Fonds über mindestens 50 Positionen verfügt. Dann sind seine Transaktionskosten geringer als die eines Kaufes der Aktien durch dich persönlich und in Eigenregie. Zugleich sind die Kosten aber auch ein Nachteil. Du musst immer einen Teil deiner Rendite mit dem Fonds teilen und damit den Manager, die Transaktionen und die Depots bezahlen.

Darüber hinaus ist ein Fonds nicht für das kurzfristige Trading geeignet. Wenn du einmal eingestiegen bist, musst du darin bleiben, damit er sich lohnt. Damit kannst du ihn nur als Langzeitinvestition ansehen, dafür aber eignet er sich sehr gut.

Der Einstieg in einen ETF

Ein ETF gleicht ein wenig den aktiv gemanagten Investmentfonds. Auch hier werden Investoren gesucht, die ihre Gelder einbringen. Das Geld wird dann verwendet, um damit Aktien zu handeln. Der Unterschied besteht in den Worten „aktiv gemanagt". Ein ETF wird nicht von einem Manager verwaltet und versucht nicht, mit einer ausgeklügelten Strategie den Markt zu schlagen. Vielmehr funktioniert er passiv, indem er einem Markt folgt.

An den Börsen werden Indizes gebildet. Ein Index, Singular von Indizes, bildet dabei einen Markt, eine

Branche, eine Region oder die Wirtschaft eines Landes ab. Das geschieht, indem die Börsen wichtige Unternehmen in dem jeweiligen Bereich auswählen und deren Kurse zusammenfassen. In einem Index siehst du nicht die Entwicklung eines einzelnen Unternehmens, sondern dann eben des gesamten Bereichs. Dabei können einzelne Unternehmen schwächeln oder sich gut machen, doch darauf kommt es nicht an. Es kommt darauf an, ob die Aktien zusammengefasst in ihrem Wert steigen oder fallen.

Ein ETF nun sucht sich einen Index und nutzt diesen als Referenz. Das kann zum Beispiel der DAX, der Deutsche Aktienindex, sein. In diesem Fall folgt der ETF dann der Entwicklung der deutschen Wirtschaft. Wie du in der Tabelle des DAX im vorhergehenden Kapitel gesehen hast, entwickelt sich der DAX sehr gut. Ein ETF, der nun dem DAX folgt, kauft die gleichen Aktien und folgt damit dem Kurs des Index.

Der Vorteil ist, dass du hier ein passives Management bekommst, das aus Computern besteht und sehr viel günstiger ist. Damit sind die Kosten geringer und du behältst mehr von deinem Gewinn. Der Nachteil ist, dass ein ETF nicht den Markt schlägt. Du bekommst nur das, was der Index anzeigt. Dank der geringen Kosten schlägt ein ETF damit in der Nettorendite häufig die aktiv gemangten Investmentfonds.

Weitere Vorteile für dich sind, dass du dich nicht mehr um die Aktien kümmern musst und dass dein Risiko gestreut wird. Nachteilig ist, dass du auch hier nur über eine Langzeitinvestition einen ansehnlichen Profit machst und damit ziemlich festgelegt bist.

Ein sehr großer Vorteil ist, dass ETFs leicht zu durschauen sind. Sie folgen einem Referenzindex. Wenn du wissen möchtest, was der ETF macht, schau dir einfach den Index an. Das bedeutet, du bekommst eine hohe Transparenz und damit ein gutes Verständnis. Du befolgst dann damit auch die erste Regel des Investments, im Gegensatz zu aktiv gemanagten Investmentfonds.

Der Handelsplatz – Hier tradest du Aktien

Aktien werden nicht irgendwo gehandelt bzw. getradet. Das geschieht an eigenen Handelsplätzen, die Börsen genannt werden. Die Börsen selbst sind Unternehmen, deren Aktien ebenfalls gehandelt werden. Als Unternehmen sind sie daran interessiert, möglichst viele Händler und möglichst viele Transaktionen anzuziehen. Das führt zur Bildung von leicht abzulesenden Kursen, von Indizes und von bestimmten Voraussetzungen für den Handel.

Die Börsen - Der Handelsplatz für Aktien

Wenn du deine täglichen Besorgungen machst, gehst du in den Supermarkt. Wenn du ein Auto möchtest, denn gehst du zu einem Autohaus und wenn du eine Aktie handeln möchtest, gehst du an die Börse. So, wie der Supermarkt oder das Autohaus, so ist auch die Börse ein privates Unternehmen, deren Service darin besteht, Verkäufer und Käufer von Aktien zusammenzubringen.

Die Börsen arbeiten dabei nicht uneigennützig. Sie schlagen aus dem Handel einen Profit. Das geschieht über die Transaktionsgebühren. Diese sind relativ gering, wenn man sich einen einzelnen Trade ansieht, doch die Gesamtheit der Trades an einem Tag führen zu einem guten Einkommen.

Als Unternehmen, das einen Service anbietet, bemüht sich die Börse darum, eine gute Qualität für ihre Dienstleistung zu erreichen. Darum gibt es auch Indizes, die dir das Ablesen von Trends an den Märkten erleichtert. Das führt auch zu einer sehr aussagekräftigen Darstellung der Charts, um dir den Handel zu erleichtern. Dazu kommt dann noch ein ausgeprägtes Regelwerk für die Trades, um bestimmte negative Entwicklungen, die immer mal wieder aufgetreten sind, zu verhindern.

Die Kurse der einzelnen Aktien

Der Service der Börse hängt in einem großen Umfang mit der Darstellung der Kurse der Papiere zusammen. Die Kurse an der Börse sind damit das Äquivalent der Preise im Supermarkt. Es gibt jedoch einige Unterschiede dabei. Das beginnt damit, dass der Preis im Supermarkt von diesem selbst festgelegt wird und sich damit einfach in einer einzelnen Summe anzeigen lässt. Der Preis einer Aktie jedoch wird nicht von der Börse, wo sie gehandelt wird, festgelegt. Er ergibt sich aus dem, was der Verkäufer verlangt und dem, was der Käufer dafür anbietet. Das führt dazu, dass es nicht einen, sondern drei Kurse gibt und damit noch ein paar weitere Angaben verbunden sind.

Die drei Kurse, die eine Aktie aufweist, sind der Geld-, der Brief- und der historische Kurs. Dazu kommen das Bid, das Ask, der Spread und das Match. Das klingt nun furchtbar kompliziert, ist jedoch im Grunde genommen sehr einfach.

Das Ask und der Briefkurs

Das Ask und der Briefkurs hängen zusammen. „Ask" ist Englisch und bedeutet „fragen" oder „verlangen". An der Börse ist es „verlangen" bzw. das, was der Verkäufer einer Aktie für sein Papier verlangt. Sein Papier, seine Aktie, ist ein Brief und damit ergibt sich der Briefkurs. Jede Sekunde gehen in einer Börse verschiedene Verkaufsangebote an. Diese sind die einzelnen Asks. Der Ask mit dem niedrigsten Preis wird in einen Chart eingetragen. Dieser Chart zeigt damit über verschiedene Zeiträume, das können Sekunden, Minuten, Stunden, Tage und Wochen sein, die jeweils niedrigsten Asks an. Wenn du diese verbindest, siehst du den Briefkurs.

Das Bid und der Geldkurs

Ein Bid ist ein Angebot, das jemand abgibt, um etwas zu erwerben. Auch davon gehen in jeder Sekunde mitunter tausende bei der Börse ein. Dabei wird Geld geboten und davon kommt die Bezeichnung „Geldkurs". In einem Chart werden dann die einzelnen Bids mit dem höchsten Wert eingetragen. Verbindest du diese, ergibt sich eine Kurslinie und damit der Geldkurs.

Der Spread, das Match und der historische Kurs

Der Spread ist der Bereich, der sich zwischen dem Brief und dem Geldkurs ergibt. Das ist immer dann der Fall, wenn die Verkäufer einer Aktie mehr für ihre Papiere verlangen, als die potentiellen Käufer zu zahlen bereit sind. Befinden sich nur wenige Aktien eines Unternehmens auf dem Markt, kann es zu einem sehr weiten Spread kommen. Befinden sich dagegen viele Aktien auf dem Markt, schließt sich der Spread sehr schnell.

Wenn sich ein Bid und ein Ask treffen, also ein Käufer das bietet, was ein Verkäufer möchte, entsteht daraus ein Match. Die Börse registriert diesen und führt den Handel sofort in dem jeweiligen Moment aus. Die Aktie wird dann von dem Verkäufer zum Käufer transferiert und umgedreht das Geld vom Käufer an den Verkäufer überwiesen. Das funktioniert automatisch und kostet eine kleine Gebühr.

Wann immer ein Match entsteht, wird daraus der dritte Kurs gebildet. Das ist der historische Kurs und zugleich der Kurs, den du für eine Aktie siehst, solange du nicht explizit den Brief- oder Geldkurs für deinen Chart ausgewählt hast.

Die Darstellung und die Analyse der Kurse in den Charts

Zu wissen, was die Kurse aussagen, ist eine Sache. Du musst aber auch wissen, wie du die wichtigen Informationen ablesen kannst. Je nachdem, wie du in Aktien investieren möchtest, brauchst du ein mehr oder weniger ausgeprägtes Verständnis für die Charts und musst du in der Lage sein, diese zu analysieren. Auch hier kommt uns die Arbeit der Börsen entgegen, denn diese wollen es dir als Investor leicht machen, über sie zu handeln, damit sie an möglichst vielen Trades verdienen.

Für das langfristige Investment und für Fonds und ETFs, letztere sind praktisch auch nur Fonds, ist es ausreichend, dich mit Liniencharts auszukennen. Wenn du jedoch tiefer in die Materie einsteigen und vor allem auf Kursentwicklungen schnell reagieren möchtest, wie ein Daytrader, dann musst du die Charts komplett verstehen.

Die einfachen Liniencharts für Einsteiger und Langzeitinvestoren

Gehst du auf eine Webseite, die dir die Börsenkurse anzeigt oder siehst du die Kurslinien in den Nachrichten im Fernsehen, dann sind das gewöhnlich nur einfache Liniencharts. Diese Darstellung wird gewählt, weil sie eine relativ geringe Informationsdichte aufweist und damit auch von Leihen einfach verstanden wird. Du aber möchtest zu einem Profi werden, daher sind diese Charts nur der Anfang für dich.

Die Liniencharts zeichnen sich durch Punkte, eine Linie, eine waagerechte und eine senkrechte Achse aus. Die senkrechte Achse bezieht sich auf den Wert einer

Aktie. Die waagerechte Achse zeigt den Zeitverlauf an und die Punkte sind der Schlusswert der Achse zu verschiedenen Zeiten. Die Linie verbindet einfach die Punkte und formt sie zu einer Kurve.

Nehmen wir zum Beispiel einen Monatschart. Dort können die Punkte, je nach Einstellung, den Schlusskurs der Aktie an jedem einzelnen Tag des Monats darstellen. Die Linie ergibt dann ein Rauf und Runter über diesen Zeitraum und zeigt dir damit einen einfachen Trend an. Sie kann dabei langsam ansteigen, wenn es der Aktie gut geht, oder langsam fallen, wenn sie schwächelt. Ebenso gut kann sie auch wild ausschlagen, ohne dass es klar nach oben oder nach unten geht. Dann steckt die Aktie in einer Konsolidierungsphase und wird bald ihren Trend ändern.

Die Kerzencharts für Fortgeschrittene, Profis und Daytrader

Die Liniencharts erscheinen auf den ersten Blick sehr aussagekräftig, doch sie sind es in Wahrheit nicht. Sie enthalten nur sehr wenige Informationen und das macht es schwer, einen echten Trend und vor allem eine

Trendwende zu erkennen. Dadurch sind sie vor allem für Daytrader absolut ungeeignet. Diese brauchen alle Informationen, um relativ schnell richtige Entscheidungen zu fällen.

Wiederholen wir noch einmal: Ein Linienchart stellt einen Zeitraum, den Wert der Aktie als Kurve und den Momentwert einer Aktie in Punkten dar. Warum ist das nur rudimentär und warum fehlt ihm die nötige Aussagekraft? Weil du daran nicht ablesen kannst, wie der generelle Trend tatsächlich aussieht, du kannst diesen nur vermuten. Du kannst die Konsolidierungsphase und den Trendumbruch auch nur vermuten und du kennst nicht den Rahmen, in welchem sich die Aktie wirklich bewegt. Das kommt davon, dass der Wert eines bestimmten Zeitpunktes immer nur der Schlusswert dieses Zeitpunktes ist.

Nehmen wir den angesprochenen Monatschart mit den Tagen als den Momentwerten. Das sind dann nur die Schlusswerte des jeweiligen Tages. Du kannst nicht sehen, wie umkämpft die Aktie ist, wie stetig sie sich verhält, wie sehr sie tatsächlich ausschlägt und ob sich ein Ende des aktuellen Trends ankündigt. Du siehst nur einen Punkt für den jeweiligen Tag.

Der Kerzenchart fügt dem Linienchart die noch fehlenden Informationen hinzu. Das geschieht, indem der Tageswert noch einmal aufgeschlüsselt wird. Anstelle eines Wertes, erhältst du nun pro Tag 5 Werte und diese werden in einer Kerze dargestellt, daher der Name Kerzenchart.

Schauen wir uns die Kerze einmal an. Diese besteht aus dem Körper und dem Docht. Damit kann sie 5 Werte darstellen, indem wir den Körper mit seinem höchsten und tiefsten Stand, den Docht mit seinem höchsten und tiefsten Stand und die Farbe mit einbeziehen.

Wenn wir bei dem Monatschart bleiben, müssen wir erst einmal wissen, dass die Börse einen Börsentag hat. Sie ist nicht rund um die Uhr geöffnet und Transaktionen lassen sich nur während der Arbeitszeit ausführen. Daraus ergibt sich ein Anfangskurs für den Tag. Das ist der Kurs, den die Aktie zum Zeitpunkt des Beginns des Börsentages hat.

Dazu kommt dann auch der Schlusskurs. Das ist der Wert der Aktie, den diese am Ende des Börsentages aufweist. Beide, der Anfangs- und der Schlusskurs, spannen zwischen sich die Kerze auf. Jetzt ist es aber auch wichtig, auf den ersten Blick abzulesen, ob die Aktie an diesem Tag gestiegen oder gefallen ist. Das wird über die Farbe dargestellt.

Nehmen wir an, die Kerze ist grün. Dann ist die Aktie über den Tag hinweg gestiegen. Damit liegt der Anfangskurs am unteren Rand der Kerze und der Schlusskurs am oberen Rand. Ist die Aktie dagegen gefallen, dann ist die Kerze rot. Dann liegt der Anfangskurs am oberen Rand und der Schlusskurs am unteren Rand. Die Kurslinie erreicht die Aktie dabei von links am Anfangskurs und verlässt sie nach rechts am Schlusskurs.

Eine Kerze braucht aber noch einen Docht und dieser wird auch im Kerzenschart dargestellt. Der Docht ragt nach oben und nach unten über die Kerze hinaus. Nach oben markiert ihr höchster Punkt den höchsten Wert der Aktie für diesen Tag. An ihrem tiefsten Punkt liegt der Tiefstwert für den Tag.

Wenn du dir nun die Tageskerzen in einem Monatschart ansiehst, kannst du schnell Trends erkennen. Mehr Grün als Rot bedeutet einen ständigen Anstieg. Ein ständiges Grün und Rot im Wechsel ist eine

Konsolidierungsphase. Sehr lange Dochte und lange Kerzen zeichnen eine stark umkämpfte Aktie aus. Kurze Dochte und kurze Kerzen zeigen einen stetigen Trend an.

Mit dem gleitenden Durchschnitt für die Profis zur richtigen Analyse

Selbst mit dem Kerzenchart ist ein schnelles Ablesen von Trends noch immer oft genug ein Blick in die Glaskugel. Zuviel bleibt dabei dem Gefühl und der Interpretation überlassen. Alternativ kannst du dein Gefühl und deine Interpretation auch durch Berechnung ersetzen. Nun möchtest du dich bestimmt nicht stundenlang pro Aktie hinsetzen und den Kurstrend mit einem Taschenrechner ausrechnen. Auch hier kommt dir die Börse entgegen, indem sie die Berechnung für dich übernimmt.

Ein Trend lässt sich schnell feststellen, wenn du nicht einen einzelnen Tag ansiehst, sondern einen Zeitraum. Nun lässt sich der aber in einer einzelnen Kurve nur sehr zackig darstellen, was den Überblick doch in Frage stellt. Es geht aber auch anders. Ein Trend lässt sich durch das Zusammenfassen von Werten sehr schnell in eine Kurve verwandeln, die sanft schwingt, anstatt stark zu zacken.

Nehmen wir einen Kurs, der über die letzten Wochen permanent gestiegen ist. Wie genau die Steigung aussieht und wie sehr dies nur Einzelwerte sind, lässt sich schnell im sogenannten gleitenden Durchschnitt feststellen. Als Einzelwerte ist es möglich, dass die Höchstwerte stark ansteigen, doch zugleich auch die Tiefstwerte immer tiefer gehen. Dann steigt die Aktie nicht wirklich, auch wenn es so aussieht. Stattdessen verharrt sei nur auf einem Basiswert.

Nimmst du nun den Durchschnitt der vergangenen 20 Tage, dann wird das schnell offensichtlich. Nehmen wir der Einfachheit halber einen Zeitraum vom 21. eines Monats bis zum 31. des gleichen Monats an. Den gleitenden Durchschnitt der letzten zwanzig Tage wird am 21. Tag des Monats aus den Tagen 2 bis 21 gebildet. Am 22. des Monats sind es die Tage 3 bis 22, am 23. dann die Tage 4 bis 23 usw.

Steigt die Aktie, dann wird jeder gleitende Durchschnitt leicht über dem des letzten Tages liegen. Das Ergebnis ist eine Linie, die sanft ansteigt, auch wenn der eigentliche Kurs wild zackt. Sinkt die Aktie, dann wird der gleitende Durchschnitt eines jeden Tages etwas unter dem des letzten Tages liegen. Daraus ergibt sich eine leicht abfallende Linie. Bleibt die Aktie dagegen stabil, egal, wie viel sie zackt, dann ergibt sich eine fast waagerechte Linie, weil sich die Durchschnitte nicht ändern.

Ein gleitender Durchschnitt lässt sich in einem Chart über den aktuellen Kurs der Aktie legen. Er wird mit dem Kürzel „MA“ bezeichnet, das für Moving Average, zu Deutsch gleitender Durchschnitt, steht. Auf das Kürzel folgt eine Zahl. Ein MA9 wird mit den vorhergehenden 9 Tagen gebildet. Für einen MA20 werden 20 Tage verwendet. Je länger du den Zeitraum auswählst, d.h., je größer die Zahl ist, desto sanfter schwingt die Kurve.

Mit dem Trendkanal für Daytrader zur richtigen Analyse

Für Daytrader sind jedoch auch die Kerzencharts und die gleitenden Durchschnitte nicht genug. Ein Daytrader muss in einer kurzen Zeit seine Trades eingeben. In dieser Zeit muss er die passende Aktie finden und analysieren, wie niedrig er einsteigen und wie hoch er verkaufen sollte. Dafür muss er ablesen können, wie die Aktie sich um den gleitenden Durchschnitt herum verhält, sprich, wie hoch die Ausschläge sind, die den Trend bilden.

Ein Daytrader führt schnell viele Trades aus. Daher kommt es für ihn darauf an, verlässlich das Maximum und das Minimum einer Aktie zu ermitteln, denn mit dem, was dazwischen liegt, macht er seinen Profit. Dabei geht es um Tage, daher die Bezeichnung „Daytrader“, aber auch um Stunden und manchmal nur Minuten.

Für das Ermitteln der Maximal- und Minimalwerte eines Kurses lässt sich am einfachsten ein Trendkanal verwenden. Dieser wird über den Kurs der Aktie gelegt und spannt den Rahmen auf, zwischen dessen Extremen die Aktie hin- und herpendelt.

Für den Trendkanal brauchst du zwei Linien, eine für das Maximum und eine für das Minimum. Der Bereich, der dazwischen liegt, ist dein Kanal. Dafür zeichnest du eine Linie in die Charts, die zwei Maximalwerte verbindet. Verlängere diese Linie gerade in die Zukunft. Dann zeichnest du eine zweite Linie, die zwei Tiefpunkte verbindet, ein und verlängerst diese ebenfalls in die Zukunft. Die Chancen stehen gut, dass sich die Aktie in den nächsten Tagen zwischen diesen Werten bewegt.

Kauf sie heute nahe des Minimums und verkaufe sie morgen nahe des Maximums, und du machst ein paar Prozente Profit.

So handelst du an der Börse

Nun ist die Börse nicht ganz so wie ein Supermarkt, das hatten wir schon. Das bedeutet auch, dass du nicht dorthin gehst, eine Aktie kaufst, sie in deine Tasche steckst und mit ihr nach Hause gehst. Weil es strenge Regeln gibt, kannst du schon einmal gar nicht an der Börse handeln, zumindest nicht direkt.

Deine Trades musst du einem Händler oder einer Bank übermitteln. Bei diesen brauchst du dafür ein Depot, in welchem dann deine Papiere aufbewahrt werden. Das geschieht virtuell und typischerweise online. Natürlich kannst du auch gern persönlich in die nächste Bank stiefeln oder sie anrufen und deine Kauf- und Verkaufsaufträge aufgeben, doch das ist in Zeiten des Internets nicht mehr nötigt.

Es gibt jedoch einen wesentlichen Unterschied zwischen einem Händler und einer Bank. Der Händler verdient all sein Geld mit dem Handeln von Aktien. Für die Bank ist es nur ein Nebeneinkommen. Daher ist sie auch nicht so entgegenkommend. Auf den Punkt gebracht sieht es so aus, dass du ein Depot bei beiden aufmachen und bei beiden damit Aktien kaufen und verkaufen kannst. Auch bezahlst du bei beiden Gebühren für die Transaktionen. Bei einem Händler ist jedoch das Depot selbst kostenfrei, während du dafür noch einmal einen jährlichen Betrag in der Bank berappen musst. In anderen Worten, der Händler ist auf lange Sicht einfach günstiger. Da Kosten die Renditen drücken, solltest du besser zu einem Händler gehen. Darüber hinaus sind die Gebühren für die Transaktionen selbst bei Händlern oft günstiger als bei Banken.

Die Investition in Aktien

Möchtest du in Aktien einsteigen, brauchst du dafür Geld. Dabei kann es um große Summen gehen, doch auch 25 Euro im Monat sind schon genug, um mit Aktien einen Profit zu machen. Du hast dafür grundsätzlich zwei Wege. Du kannst einfach investieren oder handeln. Das Investieren erfolgt mit einem langfristigen Ziel, das Handeln dagegen setzt auf viele kurzfristige Transaktionen mit vielen, dafür aber kleinen Gewinnen.

Das langfristige Investieren

Das langfristige Investieren erlaubt es dir, relativ sicher dein Geld zu vermehren. Wie du bereits gesehen hast, sind Aktien krisensicher. Du darfst nur nicht in Panik geraten. Nehmen wir nur einmal an, du hättest 1995 ein Aktienpaket gekauft, das dem DAX entspricht, dann hättest du bis 2020 deine Investition versechsfacht. Dabei spielt es nicht einmal eine Rolle, ob wir vor oder nach Corona rechnen.

Das langfristige Trading erlaubt es dir, mit einem relativ kleinen Betrag monatlich einzusteigen und dabei mehr und mehr Aktien oder mehr und mehr Anteile an einem Fonds zu kaufen. Darüber vergrößert sich dein Vermögen, indem zuerst deine kleinen Einlagen kleine Zinsen machen. Über die Zeit hinweg steigt jedoch der Wert der Zinsen, da deine Einlagen durch weitere Zahlungen steigen und die Zinsen ebenfalls neue Zinsen erbringen. Das heißt, am Anfang sind es deine Zahlungen, die das Wachstum bewirken und nach und nach sind es dann die Zinsen, die diese an Wichtigkeit übersteigen.

Wenn du so nach und nach immer mehr einbringst und deine Zinsen neue Zinsen erwirtschaften, kannst du der Inflation davonlaufen und ein stattliches Vermögen erhalten. Dieses Vermögen ist dann über die gleichen Effekte in der Lage, dir ein Einkommen zu bringen. Dafür muss es erst einmal groß genug sein, doch sobald ein bestimmter Wert überschritten ist, kannst du davon sogar leben.

Das langfristige Investieren erlaubt es dir, dich zurückzulehnen und ohne großen Aufwand dein Geld für dich arbeiten zu lassen. Neben dem langsamen Einbringen dessen, was du dir monatlich leisten kannst, geht das selbstverständlich auch über eine Einmalsumme. Diese kann dann für sich allein arbeiten oder durch monatliche Zahlungen ergänzt werden.

Das langfristige Investieren funktioniert am besten, indem du deine Aktien in Ruhe lässt oder über einen Fonds bzw. ETF arbeitest. Es kommt nicht auf kurzfristige Kursschwankungen an. Auch ist es nicht so wichtig, den Markt jeden Tag im Auge zu behalten. Viel wichtiger ist es, mit Geduld und Ruhe die Krisen zu überstehen und nur dann zu reagieren, wenn einzelne Unternehmen, nicht aber ganze Märkte, bedrohlich aussehen. Das führt uns zurück zu dem, was hier vorher schon angesprochen wurde. Einzelne Unternehmen können vom Markt verschwinden, die Märkte selbst jedoch überstehen auch noch die schlimmsten Krisen.

Das langfristige Investieren sollte daher damit verbunden sein, dass du viele Positionen in dein Portfolio aufnimmst, wenn du nicht in einen Fonds einsteigst. Dann kannst du damit auch das Schwächeln einzelner Unternehmen überstehen. Setz dir ein vernünftiges Zeil und einen zeitlichen Rahmen. Dein Risiko ist dann gering, weil du es gestreut hast und nicht auf kurzfristige Krisen reagierst.

Das mittelfristige Trading

Das mittelfristige Trading erlaubt es dir, in den Markt einzusteigen und nach Monaten deine Positionen zu wechseln. Auch das kann direkt durch den Handel mit Aktien oder aber den Einstieg in verschiedene Fonds geschehen, die du dann regelmäßig austauschst.

Die Idee beim mittelfristigen Trading ist es, die Kursgewinne der Aktien bzw. die Gewinne der Fonds regelmäßig mitzunehmen. Hierbei musst du jedoch das Marktgeschehen im Auge behalten. Dann kannst du auf die Entwicklungen der Kurse reagieren. Dafür aber hast du einen höheren Aufwand und das ständige Wechseln der Aktien und Fonds ist mit höheren Kosten für die Transaktionen verbunden.

Das mittelfristige Trading ist nicht wirklich zu empfehlen. Beim langfristigen Trading hast du geringe Kosten für Transaktionen, da du diese nur selten vornimmst und dazwischen deine Positionen lange hältst. Damit ist auch nur ein geringer Aufwand verbunden.

Beim kurzfristigen Trading hast du dagegen einen hohen Aufwand, doch du nimmst häufig Gewinne mit.

Zugleich erlaubt es dir das ständige Wechseln der Positionen, dein Risiko zu streuen. Beim mittelfristigen Trading fällt jedoch der ständige Wechsel aus. Damit musst du wieder viele Positionen in deinem Portfolio haben. Da du jedoch diese oft wechselst, hast du hohe Kosten. Zugleich ist der Aufwand hoch, denn du musst den richtigen Moment für den Wechsel abschätzen und zugleich die neuen Positionen finden.

Das Resultat ist nicht, dass du das Beste aus dem lang- und kurzfristigen Trading vereinst, sondern das Schlimmste aus beidem. Das sind die höheren Kosten aus dem kurzfristigen Trading pro Position mit den Kosten für viele Positionen aus dem langfristigen Trading. Dazu kommt noch der Aufwand für das verstärkte Trading, jedoch nicht der Profit des schnellen Tradings. Daher ist das mittelfristige Trading nur für den Übergang vom langfristigen Trading zum kurzfristigen Trading zu empfehlen. Für eine dauerhafte Anwendung dagegen ist es nicht geeignet.

Das Daytrading

Das Daytrading setzt bei dir einiges voraus. Wenn du es jedoch richtig anwendest, kannst du damit jeden Tag hunderte oder tausende Euros verdienen. Damit rücken die Gewinne in deine Reichweite, von denen andere nur träumen.

Für das Daytrading brauchst du als erstes die Fähigkeit, die Aktiencharts richtig zu lesen und sie schnell einzuschätzen. Dazu brauchst du die damit verbundene Erfahrung, sie ohne Fehler zu analysieren. Du musst Selbstdisziplin aufweisen, um dich nicht von deinem Bauchgefühl oder deiner Gier ablenken zu lassen. Am Ende musst du auch noch über die Zeit verfügen, ständig die Kurse zu analysieren und dabei die Richtigen zu erkennen und sie entsprechend zu nutzen.

Das Wichtigste aber ist, dass du dafür auch einiges Geld brauchst und das hat gleich einen dreifachen Hintergrund. Als erstes brauchst du eine große Summe, um zu handeln, weil die Gewinne nur klein sind. Du machst jeden Tag nur ein oder zwei Prozentpunkte Gewinn. Wenn du 100 Euro einsetzt, dann sind das pro Tag nur ein oder zwei Euro. Das lohnt sich nicht. Wenn du dagegen pro Tag 10.000 Euro einsetzt, dann sind das 100 Euro. Während das nicht überragend ist, klingt das schon besser. Wenn du aber pro Tag 100.000 Euro einsetzt, dann sind das mal eben 1.000 Euro, die du damit machen kannst. In einem Tag erwirtschaftet, ist das eine solide Summe. Das lässt sich dann noch mit der Zeit steigern, indem du deinen Gewinn reinvestierst.

Zweitens musst du damit die Kosten für die Transaktionen decken und noch immer einen Gewinn machen. Wenn du also das Beispiel mit den 100.000 Euro nimmst, musst du den Gewinn von 1.000 Euro am Tag noch einmal halbieren, um die Transaktionskosten zu decken.

Drittens musst du damit Verluste verkraften. Diese wirst du am Anfang schnell erleben und du musst diese Zeit überstehen, bis du über genügend Erfahrung verfügst, um bei mehr als 50% der Trades im Plus und nicht im Minus zu sein.

Das ist auch einer der großen Nachteile beim Daytrading. Du musst bereit sein, Verluste zu akzeptieren und du wirst diese erleiden. Du wirst niemals nur 100%ig erfolgreich sein, doch das ist nicht das Ziel. Das Ziel ist, mehr Gewinn einzufahren als Verluste zu erleiden. Damit musst du umgehen und das musst du zuerst einmal erlernen.

Direkt in Aktien investieren

Der einfachste und direkteste Weg, in Aktien einzusteigen, ist das direkte Investieren in diese. Dafür suchst du dir einige Aktien aus und überprüfst sie, ob sie sich für eine Investition eignen. Hast du festgestellt, dass sie richtig für dich sind, dann kaufst du einige mit einer großen Summe oder du kaufst sie nach und nach. Dann hältst du sie über eine lange Zeit. Du streichst die Dividenden ein und investierst weiter, bis du ein ansehnliches Vermögen aufgebaut hast.

Das Wichtigste ist es hierbei, die richtigen Aktien zu finden. Danach geht es nur noch darum, Geduld zu bewahren, falls es am Markt mal ein wenig wild zugeht. Die Aktien selbst findest du, indem du dir mehrere von ihnen ansiehst und sie einzeln mittels bestimmter Kriterien prüfst. Dann kannst du für jede von ihnen bestimmen, ob du sie erwirbst und welchen Anteil sie in deinem Portfolio einnehmen sollen. Die Kriterien sehen dabei wie folgt aus:

- Vertreibt das Unternehmen ein sinnvolles Produkt oder bietet es eine sinnvolle Dienstleistung an
- Wie bekannt ist das Unternehmen
- Wie stark schwankt der Kurs der Aktie
- Wo ist das Unternehmen vertreten
- Nimmt der Cash Flow jährlich zu
- Werden die Dividenden regelmäßig ausgezahlt
- Wie seht die Aktie im Vergleich zu anderen Unternehmen mit einem ähnlichen Angebot
- Verfügt das Unternehmen über einen kompetenten Vorstand

Vertreibt das Unternehmen ein sinnvolles Produkt oder bietet es eine sinnvolle Dienstleistung an

Wenn du langfristig investierst, dann geht es vor allem um das Unternehmen. Dessen Erfolg oder Misserfolg beeinflusst über die Jahre und Jahrzehnte den Kurs der Aktie am meisten. Du musst also abschätzen, wie sich das Unternehmen in der Zukunft am Markt behaupten kann. Dabei ist es vor allem die angebotene Dienstleistung oder das Produkt, das darüber entscheidet.

Es kommt nicht darauf an, ob du das Angebot des Unternehmens selbst in Anspruch nimmst. Wenn du in die Aktien eines Flugzeugherstellers investierst, wirst du wahrscheinlich nie die Gelegenheit bekommen, eines der Flugzeuge zu kaufen. Es kommt nur darauf an, wie das Produkt oder die Dienstleistung angenommen wird. Bleiben wir einfach bei dem Flugzeughersteller. Sind dessen Flugzeuge von guter Qualität? Stürzen sie nicht ab? Werden sie gern gekauft? Verfolgt das Unternehmen eine Strategie, die auch in der Zukunft einen guten Absatz verspricht? Wenn die Antwort auf all diese Fragen „Ja" lautet, dann hast du es mit einem guten

Unternehmen zu tun. Natürlich musst du die Fragen entsprechend des Angebotes deines Unternehmens anpassen.

Wie bekannt ist das Unternehmen

Hast du ein Unternehmen mit einem sinnvollen Angebot gefunden, dann musst du dir ansehen, wie bekannt es ist. Je bekannter, desto besser. Der Bekanntheitsgrad erlaubt es dem Unternehmen, die Preise zu diktieren. Damit kann es genug für seine Produkte bzw. Dienstleistungen verlangen, um damit einen ausreichenden Profit zu erwirtschaften. Das wiederum erlaubt es ihm, zu investieren und seine Marktstellung auszubauen. Das bedeutet für den Kurs der Aktie, dass diese langfristig ansteigt.

Wie stark schwankt der Kurs der Aktie

Auch wenn du in ein Unternehmen bzw. dessen Aktie langfristig investierst, möchtest du dabei einen Anstieg sehen. Dieser bleibt jedoch aus, wenn die Aktie immer nur um einen Grundwert schwankt. Dementsprechend kommt es darauf an, dass du dir den Kurs der Aktie über einen längeren Zeitraum ansiehst. Je nach Aktie geht es dabei um Jahre und Jahrzehnten. Geht sie stetig nach oben, dann eignet sich die Aktie sehr gut. Wenn es aber starke Auf- und Abschwünge gibt und diese einander sehr dicht folgen, dann lass besser die Finger davon.

Wo ist das Unternehmen vertreten

Auf welchen Märkten ist das Unternehmen aktiv? Das lässt sich zum einen geographisch und zum anderen branchenübergreifend verstehen. Viele Unternehmen konzentrieren sich auf nur einen Bereich. Sie stellen nur Autos oder nur Flugzeuge oder dergleichen her. Es gibt aber auch Unternehmen, die mehr in mehr als nur einer Branche aktiv sind. So gibt es Hersteller, die Flugzeuge und Raketen liefern. Es gibt Unternehmen, die Autos und Schiffe produzieren. Je mehr Branchen ein Unternehmen bedient, desto mehr Kunden kann es erreichen und desto größer sind die Chancen, dass es erfolgreich ist.

Geographisch gesehen gilt genau das Gleiche. Je mehr potentielle Kunden ein Unternehmen erreichen kann, desto besser. Das heißt, je mehr Länder, Regionen oder Kontinente ein Unternehmen bedient, desto höher sind seine Chancen auf einen Erfolg.

Nimmt der Cash Flow jährlich zu

Alle Einnahmen eines Unternehmens und all seine Ausgaben werden zusammen als Cash Flow bezeichnet. Davon lässt sich ableiten, dass ein Unternehmen wächst, wenn sein Cash Flow zunimmt. Die Einnahmen nehmen zu, weil das Unternehmen mehr und mehr Produkte verkauft oder mehr Dienstleistungen erbringt. Die Kosten steigen, weil mehr hergestellt oder geleistet, mehr investiert und mehr ausgebaut wird.

Auf Dauer möchtest du einen steigenden Aktienkurs. Dieser ergibt sich durch steigende Einnahmen und einem expandierenden Unternehmen. Letzteres beinhaltet auch neue Investitionen. Beides lässt sich in einem steigenden Cash Flow ablesen.

Den Cash Flow wiederum findest du im Jahresabschussbericht, den jede Aktiengesellschaft veröffentlichen muss. Du brauchst kein Buchhalter zu sein und du musst nicht alle Positionen in dem Bericht verstehen. Finde nur einfach den allgemeinen Cashflow und vergleiche ihn mit den Zahlen der letzten Jahre. Steigt er permanent an, dann hast du einen Gewinner gefunden.

Werden die Dividenden regelmäßig ausgezahlt

Die finanzielle Gesundheit eines Unternehmens lässt sich nicht nur an den Einnahmen und Ausgaben erkennen, sondern auch an den Dividenden. Macht ein Unternehmen einen Profit, dann wird dieser als Dividenden an die Investoren, sprich die Aktionäre, weitergereicht. Hier musst du jedoch ein wenig vorsichtig sein, wenn du dir die Zahlen ansiehst.

Was du finden möchtest, das sind jährliche oder dreimonatliche Zahlungen, die über die Zeit zunehmen. Diese Zahlungen können jedoch auch irreführend sein, denn nirgendwo ist festgeschrieben, wie hoch die Dividenden ausfallen müssen. Zugleich sind sie ein wichtiges Indiz für die Investoren. Das heißt, sie beeinflussen den Kurs der Aktien des Unternehmens erheblich.

Da die Dividenden nach einer Entscheidung des Vorstandes ausgezahlt werden, kann dies auch komplett losgelöst vom Profit des Unternehmens erfolgen. So kann ein Vorstand entscheiden, die Dividenden zu zahlen, auch wenn es ein schlechtes Jahr war. Dann dient dies dazu, den Kurs der Aktie zu stützen. Alternativ kann auch in einem guten Jahr entschieden werden, keine Dividenden zu zahlen oder die Zahlungen nur in einer sehr geringen Höhe auszuführen. Dann wird der Profit darauf verwendet, in neue Bereiche zu investieren. Wenn du dir also die Dividenden ansiehst, schau auch immer auf den Kontext.

Wie seht die Aktie im Vergleich zu anderen Unternehmen mit einem ähnlichen Angebot

Schau dir auf jeden Fall die Konkurrenz in der Branche an. Du möchtest nicht langfristig in ein Unternehmen investieren, das Stück für Stück von der Konkurrenz überholt wird. Achte also auf die letzten Jahre und besonders darauf, ob dein Unternehmen seine Stellung behaupten und idealerweise ausbauen konnte.

Verfügt das Unternehmen über einen kompetenten Vorstand

Am Ende hängt es immer auch von der Führung ab. Schau dir also an, wer im Vorstand des Unternehmens sitzt. Google die Namen und finde irgendwelche Leistungen, die von den Mitgliedern vorher erbracht wurden. Findest du nichts, dann ist das kein gutes

Zeichen. Noch schlechter ist, wenn die Namen mit Pleiten in Verbindung gebracht werden. Wenn die Mitglieder jedoch wahre Erfolgsgeschichten aufweisen, dann ist auch eine ebenso erfolgreiche Zukunft zu erwarten.

Der langfristige Einstieg in aktiv gemanagte Investmentfonds

In einen aktiv gemangten Investmentfonds bringst du dein Geld ein und der Fondsmanager verwendet es, um damit eine Rendite zu erzielen. Von der Rendite behält der Fonds einen Teil für die Gebühren ein und den Rest bekommst du. Das Prinzip ist einfach, doch es gibt eine Reihe von Fonds mit verschiedenen Regeln für den Einstieg und den Ausstieg. Neben diesen Regeln kommt es darauf an, ob auch der Fonds insgesamt richtig für dich ist. Das heißt, du musst auf folgende Punkte achten:

- Die Regeln für den Ein- und Ausstieg und die Investitionen
- Die Kosten
- Das Portfolio des Fonds
- Das gesamte Volumen des Fonds
- Handelt es sich um einen sogenannten Trendfonds

Die Regeln für den Ein- und Ausstieg und die Investitionen

Ein Fonds kann Regeln für deinen Ein- und Ausstieg und für seine Investitionen unterliegen. Das beginnt damit, dass du in manche Fonds nur einsteigen kannst, wenn sie eröffnet werden. Du zahlst eine feste Summe ein und danach bist du gebunden, bis eine bestimmte Zeit verstrichen ist oder der Fonds aufgelöst wird.

Andere Fonds wiederum erlauben den Ein- und Ausstieg jederzeit. Sie werden mit ihren Anteilen an der Börse gehandelt oder du steigst direkt in den Fonds über dessen Webseite ein. Die Anteile kannst du dann jederzeit verkaufen.

Für das Investieren gibt es Fonds, die frei oder die eben nicht so frei sind. Bei Ersteren kann der Manager das Geld des Fonds in alle Aktien oder Finanzprodukte investieren, die er für gut befindet. Bei Letzteren ist der Manager gebunden. Je nach Fonds investiert er dann nur in bestimmte Branchen, Bereiche oder auch nur ein einzelnes Objekt.

Das Wichtigste für dich ist, herauszufinden, wie du in den Fonds einsteigen und aus ihm wieder aussteigen kannst. Das gilt vor allem dann, wenn du nicht mit einer einzelnen Summe, sondern mit einem Sparplan investieren möchtest. Dieser erlaubt es dir, mit einer monatlichen Summe Anteile an dem Fonds zu kaufen. Diese monatliche Summe muss nicht einmal groß sein. Für einige Fonds reichen dafür schon 25 Euro im Monat.

Die Kosten

Ein Fonds hat Kosten. Diese bestehen in der Hauptsache aus den Gebühren für das Management und für das Depot bzw. die Transaktionen. Es lohnt sich immer, diese Kosten zu vergleichen und das gleich in doppelter Hinsicht. Einmal geht es dabei um deine Nettorendite und einmal geht es um die Qualität des Fonds.

Fonds unterscheiden sich darin, welche Rendite sie erwirtschaften und welche Kosten sie verlangen. Je mehr Kosten anfallen, desto mehr geht von deiner Rendite an den Fonds zurück und kommt nicht auf dein Konto. Darum ist es gut, nicht die oft und gern angegebene Bruttorendite zu vergleichen, sondern die Nettorendite. Es gibt Fonds, deren Bruttorendite sehr hoch ist, doch deren hohe Kosten die Nettorendite niedriger halten, als es bei anderen Fonds der Fall ist.

Weiterhin ist der Kostenfaktor ein Indiz für die Qualität des Fonds. So haben Studien ergeben, dass Fonds mit niedrigen Gebühren höhere Rendite erwirtschaften als Fonds mit höheren Gebühren. Das mag einfach daran liegen, dass die Manager, um auf ihren Schnitt zu kommen, bei den geringeren Gebühren einfach besser arbeiten müssen. Da die Gebühren prozentual von den Renditen abgezogen werden, bringt ein geringerer Prozentsatz nur dann ein gutes Einkommen, wenn der Gewinn hoch genug ist. Sprich, die Manager sind bei geringeren Gebühren besser motiviert, einen guten Job zu machen.

Das Portfolio des Fonds

Ein Fonds macht aus zwei sehr wichtigen Gründen für dich Sinn. Erstens erlaubt er, dass ein Fachmann dein Geld investiert. Zweitens streut er deine Investition über viele Aktien. Ob das jedoch bei dem Fonds deiner Wahl zutrifft, erkennst du an seinem Portfolio. Ein guter Manager wird den Aktienbesitz streuen und nur dann bekommst du das verringerte Risiko, um das es dabei geht.

Schau in den Fonds. Dort wird dir immer auch sein Portfolio angezeigt. Achte auf zwei Dinge. Das ist einmal die Anzahl der Positionen und einmal deren Gewichtung. Damit sich ein Fonds für dich lohnt, sollte er mindestens 50 Positionen aufweisen. Wenn er das nicht tut, bist du günstiger dran, die Aktien selbst zu kaufen. Dann streust du auch dein Risiko und deine Gebühren liegen unterhalb der des Fonds.

Wenn der Fonds über genügend Positionen verfügt, geht es darum, wie sie gewichtet sind. Bei 50 Positionen sollte im Idealfall jede Position 2% des Volumens ausmachen. Das wird aber kaum auftreten und das ist auch grundsätzlich kein Problem. Es wird jedoch ein Problem, wenn 10 Aktien gemeinsam 50% oder mehr des Portfolios ausmachen. Dann ist das Risiko nicht ausreichend gestreut und du bist besser bedient, dir diese 10 Aktien selbst zuzulegen.

Das gesamte Volumen des Fonds

Fonds sind Langzeitinvestments. Dementsprechend brauchst du einen, der sich auch länger am Markt hält.

Sprich, er sollte nicht einfach so über Nacht wieder verschwinden. Das Überleben des Fonds hängt direkt von dessen Volumen ab. Je mehr Geld er enthält, desto mehr lohnt er sich für die Gesellschaft, die ihn herausgegeben hat. Je weniger Geld er hat, desto weniger lohnt er sich oder er macht sogar einen Verlust. Ein Fonds, der länger erhalten bleiben soll, braucht ein Volumen von mindestens 100 Millionen Euro oder Dollar.

Handelt es sich um einen sogenannten Trendfonds

Wenn du einmal in der Welt der Finanzen angekommen bist, wirst du etwas entdecken. Es gibt immer wieder richtiggehend gehypte Fonds. Das sind Trendfonds, die von berühmten Leuten empfohlen werden und in die jeder einsteigen möchte. Halte dich davon unbedingt fern. Meistens geht es dabei um obskure neue Produkte oder hypermoderne Technologien. Was es genau ist, lässt sich meist nicht feststellen, doch es ist das Superding des Jahres oder sogar des Jahrhunderts. Solche Fonds sind einfach nur eine Abzocke, die mit überhöhten Gebühren die Herausgeber reich machen und danach einfach wieder verschwinden. Fall also nicht darauf herein und halte dich an die stillen Sieger, die sich lange Zeit am Markt halten.

Der langfristige Einstieg in ETFs

Ein ETF ist absolut super, wenn man den Regeln des Investments folgt. Er ist leicht zu durchschauen, leicht zu verstehen, streut das Risiko und du machst mit ihm sehr oft auch noch eine sehr gute Nettorendite. Dazu kommt, dass du jederzeit ein- und aussteigen kannst.

Ein ETF wird von einer Gesellschaft oder einer Bank herausgegeben und folgt einem Referenzindex. Das heißt, dass er im Idealfall die gleichen Aktien in der gleichen Gewichtung wie im Index in seinem Portfolio aufweist. Der Idealfall tritt jedoch nicht immer ein. Es gibt ETFs, die sich hervortun wollen, indem sie bessere Renditen erzeugen. Das führt dazu, dass das Prinzip eines ETFs leicht gebeugt wird. Darum musst du prüfen, ob ein ETF tatsächlich gut für dich ist. Achte dabei auf die folgenden Punkte:

- Wie kannst du in den ETF einsteigen
- Welchem Index möchtest du folgen
- Wie sehen die Kosten aus

- Wie groß ist das Volumen
- Wie sieht das Portfolio aus

Wie kannst du in den ETF einsteigen

Wie ein aktiv gemanagter Investmentfonds, so haben auch ETFs ihre eigenen Regeln für den Einstieg. Diese sind jedoch sehr viel einfacher als bei ihren Brüdern und Schwestern. Das liegt nicht zuletzt daran, dass Regeln für den Ausstieg völlig fehlen.

Der Einstieg lässt sich auf zwei Wegen bewerkstelligen, wobei sich beide um den Kauf von Anteilen drehen. Beim ersten Weg kaufst du die Anteile mit einer einzelnen, großen Summe. Beim zweiten Weg geht dies über eine monatliche Einzahlung, für die ebenfalls bereits 25 Euro pro Monat ausreichen.

Du kannst auch beide Wege kombinieren. So kannst du mit einer großen Summe einsteigen und mit einem Sparplan deine Anteile aufstocken. Umgedreht kannst du mit einem Sparplan beginnen und dann von Zeit zu Zeit mit großen Summen noch mehr Anteile kaufen.

Welchem Index möchtest du folgen

Ein ETF folgt einem Index. Damit ist die Auswahl des ETFs auch immer eine Auswahl des Index. Die Indizes können sich auf verschiedene Bereiche beziehen. So gibt es einen Index für die gesamte deutsche Wirtschaft. Das ist der DAX. Ebenso gibt es einen Index für die chinesische oder die amerikanische Wirtschaft. Es gibt auch Indizes für die Wirtschaft der einzelnen Kontinente, der Schwellenländer, der Industrieländer und der gesamten Welt. Such dir deinen Index aus und entscheide danach, welcher ETF für dich in Frage kommt.

Wie sehen die Kosten aus

Ein ETF hat Kosten. Diese sind geringer als bei einem aktiv gemanagten Investmentfonds, doch sie sind nichtsdestotrotz vorhanden. Du musst diese Kosten in deine Berechnungen mit einbeziehen. Bei den Kosten gibt es zwei große Angaben. Das eine ist die TER, die Total Expense Ratio. Diese zeigt dir alle fixen Kosten an. Sie werden in Prozent angegeben und lassen sich auch für die Zukunft berechnen.

Zu der TER kommen die Transaktionskosten. Da sich nicht voraussehen lässt, wie viele Transaktionen ein ETF vornehmen wird, lassen sich auch diese Kosten nicht einfach so im Voraus angeben. Du kannst sie jedoch unter der TD für die letzten Jahre angezeigt bekommen. Die TD ist die Tracking Difference. Das sind alle Kosten, die von der Rendite abgezogen werden, inklusive der TER. Die vergangenen Jahre sind dann ein Anhalt dafür, ob die Kosten für die Zukunft hoch sein werden oder nicht. Sie lassen sich aber nicht fest für die Zukunft im Voraus berechnen.

Wie groß ist das Volumen

Auch bei einem ETF geht es um das Langzeitinvestment. Das setzt jedoch voraus, dass der betreffende ETF am Markt bleibt. Das wiederum hängt von seinem Volumen ab. Sobald er über mindestens 100 Millionen Euro oder Dollar verfügt, ist zu erwarten, dass er nicht so bald wieder verschwindet.

Wie sieht das Portfolio aus

Kommen wir zum wichtigsten Punkt, dem Portfolio. Hier ergeben sich die deutlichsten Unterschiede für die ETFs. Hier erkennst du, ob du es mit einem richtigen ETF zu tun hast oder mit einem, der versucht, den Markt zu schlagen. Letzteres geht nur, indem es Verschiebungen gibt, die dein Risiko erhöhen und die Nützlichkeit des ETFs reduzieren.

Als erstes muss ein ETF über mindestens 50 Positionen in seinem Portfolio verfügen. Ist das nicht der Fall, ist er nutzlos für dich, denn dann kannst du den Index selbst nachbilden und sparst bei den Kosten. Überprüfe also die Anzahl der enthaltenen Aktien.

Als nächstes sollten die Aktien wie im Index gewichtet sein. Hier versuchen viele ETFs, ein wenig zu schummeln. Das geht, indem die Top 10 Aktien, deren Wert höher ist, auch höher gewichtet werden. Nehmen wir einen ETF mit 100 Positionen. Jede Position sollte eine Gewichtung von einem Prozent aufweisen. Wenn aber die Top 10 Aktien 30 oder sogar 40% des Portfolios ausmachen, weicht der ETF zu sehr von dem Index ab. Dann kannst du selbst die Top 10 Aktien in dein Portfolio aufnehmen und den ETF vermeiden.

Als nächstes musst du auf die Länder achten, wenn du einen internationalen Index vor dir hast. Bildet dieser zum Beispiel die Industrieländer ab und 90% der Aktien stammen aus den USA, dann kannst du in einen ETF für den amerikanischen Markt einsteigen. Dann brauchst du den internationalen ETF nicht.

Das mittelfristige Trading

Das mittelfristige Trading ist nicht wirklich zu empfehlen. Wenn du es jedoch nutzen möchtest, um vom langfristigen Trading auf das kurzfristige umzustellen, gibt es ein paar einfache Grundsätze, die du befolgen solltest.

Das mittelfristige Trading ist nicht gut für ETFs und Investmentfonds geeignet. Die Gebühren für den Ein- und Ausstieg verbunden mit der Zeit, die benötigt wird, um einen Gewinn zu machen, verhindern einen akzeptablen Profit. Halte dich also direkt an Aktien.

Wenn du über die Aktien einen Profit machen möchtet, solltest du so viele Positionen wie möglich halten. Dabei musst du aber mit jeder Position genügend Geld investieren, dass du die Gebühren für die Transaktionen und einen Profit darüber hinaus erwirtschaftest.

Halte die Aktien für einen bis 6 Monate, nicht länger. Nutze für den Kauf und Verkauf die Regeln des Daytradings, die in den folgenden Kapiteln beschrieben werden. Auf diese Weise holst du das Maximum aus der Differenz zwischen den Tiefs und Hochs heraus.

Beginnst du das mittelfristige Trading, dann sollte das Daytrading dein Ziel sein. Nutze also die Regeln des Daytradings von Beginn an, um diese zu erlernen. Verkürze die Zeiträume der Trades immer mehr, bis du am Ende zu einem Daytrader geworden bist.

Das Daytrading für Fortgeschrittene

Um es von Anfang an klarzustellen: Das Daytrading ist nichts für Einsteiger. Damit fängst du nicht an, dorthin arbeitest du dich vor. Halte dich zu Beginn an die Regeln für das langfristige Trading. Wenn du dich dabei wohlfühlst, dann geh zum mittelfristigen Trading über und dann kannst du dich am Daytrading versuchen.

Deine persönlichen Voraussetzungen für das Daytrading

Du musst dich mit den Charts sehr gut auskennen. Du musst viele Kurse analysieren und das bedeutet, dass du die Charts, die Kurven, die Kerzen und die gleitenden Durchschnitte im Traum beherrschen musst. Du musst auf einen Blick erkennen, was sich lohnt und dann in Sekunden die Eckdaten ableiten. Die Eckdaten sind die Werte für den Einstieg, den Ausstieg und die Flucht.

Du musst bereit sein, Geld zu verlieren. Am Anfang wirst du nicht erfolgreich sein. Schlimmer noch, auch wenn du bereits erfahren bist, wirst du noch immer Verluste machen. Es gibt keinen Weg, diese zu vermeiden. Du musst nur lernen, genügend Gewinne zu machen, um die Verluste auszugleichen und danach noch immer eine Rendite herauszuholen.

Das Daytrading ist ebenfalls eine langfristige Angelegenheit. Du kannst traumhafte Gewinne herausholen, doch diese sehen so aus, dass du am Anfang vielleicht ein Prozent pro Tag erwirtschaftest. Über das Jahr hinweg sind das jedoch mehr als nur 365%. Dennoch dauert es seine Zeit und du musst dein Geld in dieser Zeit ständig für den Markt bereithalten. Du kannst es nicht gleich wieder abziehen, wenn du von deinen Gewinnen leben möchtest. Erst einmal muss es ein Vermögen aufbauen und das Vermögen muss dir weitere Renditen bringen. Diese sind es dann, von denen du leben kannst.

Beginn mit deinen ersten Trades nicht mit der Absicht, einen Gewinn zu machen. Beginne damit, Verluste zu vermeiden und Erfahrung zu sammeln. Überstehe die Lehrzeit und mach deine Gewinne dann, wenn du tatsächlich gut bist.

Vermeide Gier. Sie wird dir immer einflüstern, deine Aktien zu halten, wenn es gerade gut läuft. Da du aber nicht weißt, wann dies endet, verkaufe die Aktien nach den Eckdaten, die du vorher festgelegt hast. Höre nicht auf die Stimme in deinem Hinterkopf.

Du wirst verzweifelt vor deinem Computer sitzen und dich überfordert fühlen. Folge auf keinen Fall deinem Bauchgefühl. Halte dich an die Abläufe und sei berechnend. Wer auf seinen Bauch hört, ist schnell pleite.

Höre nicht auf deine Angst. Du hast deine Eckdaten, die den Einstieg, den Ausstieg und die Flucht festlegen. Der Einstieg ist der Wert, zu dem du die Aktie kaufst. Der Ausstieg ist der Wert, zu dem du sie verkaufen möchtest. Die Flucht ist der Wert, bei dem du aus der Aktie fliehst, wenn sie sich nicht verhält, wie gedacht. Damit hältst du deine Verluste niedrig.

Halte Aktien niemals für eine längere Zeit. Auch wenn sie einen Verlust machen oder aber einfach nicht steigen, dann nimm deinen Verlust hin und hole das Geld heraus. Du brauchst es, um damit einen Profit zu machen. Wenn du zu lange wartest, kann dein Geld nicht nur nicht arbeiten, du vergrößerst damit aller Wahrscheinlichkeit nach nur deinen Verlust.

Das Daytrading ist sicher. Auch wenn du damit Verluste nicht vermeiden kannst, kannst du doch große Abstürze vermeiden, indem du dich an deine Eckdaten hältst. Das schließt auch die Flucht mit ein, wenn die Aktie einen bestimmten Wert unterschreitet. Das kann zum Beispiel in einer Krise geschehen. Nimm dein Geld heraus, akzeptiere ein paar Prozent Verluste und profitiere wieder und wieder von der Erholung.

Deine ersten Daytrades

In den folgenden Kapiteln wirst du herausfinden, wie du tradest. An dieser Stelle jedoch musst du erst einmal herausfinden, worauf es dabei ankommt. Damit gerätst du nicht in Versuchung, ohne die richtige Vorbereitung zu beginnen und damit von der Klippe zu springen.

Wähle deine Strategie

Für die Daytrades gibt es eine Reihe von Strategien. Diese klingen am Anfang unheimlich kompliziert. Lies sie dir mehrmals durch und wähle die aus, die du am besten verstehst. Damit kannst du dann deine ersten Trades wagen.

Wähle die richtige Aktie aus

Die einzelnen Strategien verlangen nach bestimmten Verhalten für die Aktien. Du musst nun Aktien finden, deren Kurse zu diesem erwarteten Verhalten passt. Das bedeutet, du musst nun einen Chart nach dem anderen durchgehen und die Kurse finden, die zu gut sind, um sie zu ignorieren. Genau das ist die Einstellung, die du brauchst. Such nicht nach irgendwelchen Kursen. Finde keine, die nur irgendwie passen. Finde die, die so gut passen, dass sie sich nicht ignorieren lassen. Wie sieht eine solcher Kurs aus:

- Die Aktie steckt nicht in einer Konsolidierungszone
- Sie hat die perfekten Kerzen
- Sie hart die perfekte Kursspanne

Die Aktie steckt nicht in einer Konsolidierungszone

Aktien haben Trends, doch Trends ändern sich. Das ist besonders dann der Fall, wenn sie sich in einer Konsolidierungszone befindet. Das ist der gefährlichste Moment. Du weißt nicht, wie lange sie in diesem Zustand bleibt, ob sie danach ihren Trend fortsetzt oder ob der Trend umschlägt. Halte dich also von Aktien in dieser Zeit fern.

Eine Konsolidierungszone lässt sich daran erkennen, dass der Kurs wild und ohne sichtbare Gründe ausschlägt. Dabei bewegt sie sich aber im gleitenden Durchschnitt weder nach oben noch nach unten. Hier sind sich die Käufer und Verkäufer nicht im Klaren, wie es weitergeht und überschlagen sich mit Preisänderungen.

Sie hat die perfekten Kerzen

Perfekte Kerzen erkennst du daran, dass sie in ihrer Gesamtheit dem Trend folgen. Den Trend erkennst du am gleitenden Durchschnitt. Blende den MA9 oder den MA20 ein. Wenn dieser sanft nach oben geht, dann liegt ein Aufwärtstrend vor. Umgedreht zeigt die Aktie einen Abwärtstrend, wenn der MA langsam nach unten geht.

Perfekte Kerzen folgen dem Trend. Geht der MA9 oder MA20 aufwärts, dann ist die Mehrzahl der Kerzen grün. Geht der MA9 oder der MA20 nach unten, dann sind perfekte Kerzen überwiegend rot. Diese Trends setzen sich fort.

Anders sieht es aus, wenn die Kerzen nicht perfekt sind. Das ist der Fall, wenn der MA9 oder MA20 nach oben geht, die neuesten Kerzen aber überwiegend rot sind. Umgedreht liegt der Fall vor, wenn der MA9 oder Ma20 nach unten geht und die Kerzen überwiegend eine grüne Farbe zeigen. In beiden Fällen steht eine Trendwende oder eine Konsolidierungszone bevor. Hier solltest du die Finger von der Aktie lassen.

Sie hat die perfekte Kursspanne

Schon bevor eine Konsolidierungszone oder eine Trendwende in den Kerzenkörpern sichtbar wird, zeichnet sie sich in der Kursspanne ab. Dabei wird von der Erschöpfung eines Trends gesprochen. Das lässt sich dann erkennen, wenn die Dochte der Kerzen deren Körper weit überragen. Dann beginnt die Aktie bereits stark zu schwanken, aber noch nicht soweit, dass der Eröffnungs- und der Schlusskurs betroffen sind. Das ist jedoch nur eine Frage der Zeit und daher gilt es auch hier, die Finger von der Aktie zu lassen.

Ziele nicht auf den maximalen Profit

Der maximale Profit lässt sich erreichen, indem du am tiefsten Punkt kaufst und am höchsten verkaufst. Das aber ist ein Traum. Wenn du das versuchst, wirst du immer zu spät deine Trades ausführen und dafür horrende Verluste einstecken. Warte also nicht auf die perfekten Hochs oder Tiefs. Führe deinen Trade mit akzeptablen Eckdaten aus und dann machst du auch einen akzeptablen Profit.

Finde deine Eckdaten

Trades erfolgen schnell. Dabei spielt eine Menge Gefühl mit. Du empfindest Gier, Hoffnung, Angst und noch eine Menge mehr. Vermeide all das und gehe mit Berechnung vor, indem du deine Eckdaten findest und diese vor den Trades eindeutig festlegst. Halte dich unbedingt an sie und lass dich nicht mehr von dem Geschehen beeinflussen. Dein Verstand wird Tricks versuchen und dich überzeugen, dass du dies oder jenes falsch gemacht hast oder dieser oder jener Vorteil sich bietet. Höre nicht darauf und halte dich an die Eckdaten.

Die Eckdaten beinhalten eine Reihe von Werten. Diese bestehen aus dem Einstiegskurs, dem Ausstiegskurs, dem Fluchtkurs und dem zeitlichen Ausstieg. Diese werden musst du im Vorhinein berechnen.

Der Einstiegs- und Ausstiegswert richtet sich sehr stark nach deinen Kosten und deiner Profitabsicht. Diese beiden Werte musst du definieren, bevor du auch nur einen Blick auf die Kurse wirfst. Die Kosten ergeben sich aus den Gebühren, die dein Depot für die Trades aufruft. Halte dich an online Händler. Deren Depots sind viel günstiger als die, die du bei Banken eröffnen kannst. Berechne die Kosten und lege darauf den Profit, den du erreichen möchtest. Dabei ist ein Prozent ein guter Wert als Gewinn für einen Anfänger.

Sobald du die Spanne festgelegt hast, die mindestens zwischen dem Ein- und Ausstieg liegen musst, wird es Zeit, die Kurse selbst zu betrachten. Die Differenzen zwischen den Hochs und Tiefs ist die Spanne, mit der du deine Kosten herausholen und deinen Profit machen kannst. Diese musst groß genug für dich sein und das sollte nicht nur an den Maximalpunkten der Fall sein.

Wähle dann einen Einstiegswert etwas über dem Tiefpunkt und einen Ausstiegswert ein wenig unter dem Hoch. Damit stehen die Chancen gut, dass du den Einstieg und Ausstieg entsprechend schaffst. Prüfe noch einmal, ob damit überhaupt deine Vorgaben erfüllbar sind. Wenn ja, dann wird es Zeit, zuzuschlagen.

Sobald du zu der Entscheidung gelangt bist, diese Aktie zu nutzen, wird es Zeit, den Fluchtwert und den zeitlichen Rahmen zu definieren. Der Fluchtwert sollte ein wenig unter dem Tiefpunkt legen. Sollte die Aktie überraschend nicht aus dem Tief aufsteigen, sondern weiter absinken, ist es dieser Wert, der dich vor zu großen Verlusten bewahrt.

Der zeitliche Rahmen sollte Tage oder maximal Wochen betragen. Dieser legt fest, wann du die Aktie verkaufst, weil sie weder steigt noch fällt. In einem solchen Fall ist es wichtig, dein Geld für andere Trades freizusetzen. Du machst dabei aufgrund der Gebühren wahrscheinlich einen Verlust, doch das ist besser, als das Geld auf Dauer festzulegen.

Zwei Standardsetups für Daytrades

Daytrades sind eine schnelle und herausfordernde Angelegenheit. Um sie zu vereinfachen, gibt es eine Reihe von Standardsetups. Sie alle drehen sich dabei um die Analyse der Charts und der Kurse der Aktien. Es ist nicht mehr wichtig, das Unternehmen selbst unter die Lupe zu nehmen, sondern es geht allein darum, wie die Aktie sich am Markt verhält. Du wirst im Laufe der Zeit mehr Setups finden und vielleicht sogar deine eigenen entwickeln. Bis dahin solltest du die einfachen Setups verwenden, die du hier findest. Damit kommst du relativ sicher ins Spiel und kannst deine ersten Erfahrungen sammeln.

Das 9/30 Setup

Das 9/30 Setup ist ein sehr einfaches Setup das sich für eine Reihe von einfachen Fällen verwenden lässt. Es gibt dir Flexibilität, denn es offeriert dir zwei verschiedene Vorgehensweisen, und es nutzt die Möglichkeiten der Charts effektiv aus.

Das 9/30 Setup kannst du mit einem kurzen und einem langen Zeitrahmen verwenden. Der kurze Rahmen eignet sich für Aktien, die relativ stabil in ihrem

Langzeittrend verharren, aber in ihrem Kurzzeittrend stärker schwanken. Der lange Rahmen eignet sich für Aktien, die einen positiven Langzeittrend aufweisen, der deutlich nach oben zeigt.

Der lange Zeitrahmen

Für den langen Zeitrahmen benötigst du eine Aktie mit einem längeren Aufwärtstrend. Diesen siehst du, indem du dir die Charts der Aktien ansiehst. Dabei verwendest du am besten einen Monatschart mit Tageskerzen. Du kannst aber auch einen Tageschart mit Stundenkerzen verwenden, wenn du innerhalb eines Tages bleiben möchtest.

Deinen Hauptchart solltest du mit zwei weiteren Charts ergänzen. Verwendest du den Monatschart mit Tageskerzen, dann ergänzt du ihn mit einem 6-Monatschart und einem Wochenchart. Verwendest du einen Tageschart mit Stundenkerzen, dann verwendet du einen Monatschart und einen Stundenchart als Ergänzung. Der längere Chart zu Ergänzung dient dazu, den allgemeinen Trend zu bestätigen. Der kürzere Chart dient dazu, den besten Moment zu erwischen.

Die Charts richtest du ein, indem sie neben der eigentlichen Kurve auch den MA9 und den MA30, also die gleitenden Durchschnitte der letzten 9 und 30 Tage, zeigen. Damit kannst du den aktuellen Trend sehen.

Für den langen Zeitrahmen brauchst du einen längeren Aufwärtstrend. Das erkennst du daran, dass der MA30 stetig aufwärts geht und sich der MA9 mit all seinen Schwankungen oberhalb des MA30 befindet. Jetzt wird es Zeit, die Eckdaten festzulegen und daraus die Order für den Trade zu bilden.

Warte auf den richtigen Moment. Dieser ist gegeben, sobald der aktuelle Kurs, nicht einer der MAs, sich mit einer ganzen Kerze unterhalb des MA9 befindet. Das siehst du auf deinem Hauptchart oder dem kürzeren Ergänzungschart. Gib nun die Kauforder mit einem Preis ein wenig über dem tiefsten Punkt der Kerze, die unter dem MA9 liegt, ein.

Gib ein Limit für den Kauf ein, der ein wenig darüber liegt und schon kann der Kauf ausgeführt werden. Lege auch eine Stop Loss Order ein. Das ist dein Fluchtpunkt. Damit legst du fest, wann die Aktien verkauft werden sollen, wenn die Aktie weiter fällt. Den Wert davon nimmst du ein wenig unter dem letzten Tief des aktuellen Kurses für diesen Zeitraum.

Sobald der Kauf ausgeführt wurde, hältst du die Aktie, bis sie weiter gestiegen ist. Wie weit sie steigt, kannst du mit einem Trendkanal erfahren. Trage diesen ein und lies das Maximum der nächsten Tage ab. Du solltest die Aktie maximal eine Woche halten. Wie lange genau du sie hältst, hängt auch davon ab, wie stark der Trend ausgeprägt ist und wie lange er sich hält. Ist er von langer Natur, dann halte die Aktie länger. Ist der Trend von kürzerer Natur, dann halte sie kürzer.

Gib für den Verkaufspreis einen Wert ein wenig unter dem Maximum des Trendkanals ein. Nimm dafür einen der nächsten Tage, je nachdem, wie lange du die Aktie halten möchtest. Je länger, desto größer wird dein Risiko, aber auch dein Profit, sein. Setze dir ein vernünftiges Profitlimit, zum Beispiel 3%, und verkaufe sie dann zu diesem Preis, wenn er innerhalb der nächsten 7 Tage erreichbar ist. Achte jedoch beim Eintragen des Kanals, dass dessen Maximum und Minimum möglichst parallel zueinander liegen, um einen realistischen Wert zu ermitteln. Gib dann den Verkaufswert über die

Verkaufsorder ein, die dann entsprechend ausgeführt wird.

Der kurze Zeitrahmen

Der kurze Handelsrahmen nutzt das gleiche Chart Setup wie der lange Handelsrahmen. Der Unterschied ist hier aber, dass du einen kurzfristigen Trend für dich nutzt du dementsprechend die Aktie viel kürzer hältst.

Für diesen Handelsrahmen brauchst du einen Kurs, der in seinem langfristigen Trend gleichbleibt oder leicht ansteigt. Sein kurzfristiger Trend dagegen sollte ein wenig stärker schwanken. Das siehst du daran, dass der MA30 waagerecht oder leicht ansteigend ausfällt. Der MA9 dagegen schlängelt sich um den MA30 und kreuzt diesen mehrmals.

Wieder kommt es darauf an, den richtigen Einstiegsmoment und davon abgeleitet die Eckdaten zu finden. Der beste Moment liegt vor, wenn der MA9 sich unter dem MA30 und der aktuelle Kurs sich eine komplette Kerze über dem MA9 befindet. Die Kerze muss grün sein, denn der aktuelle Kurs sollte nun wieder ansteigen.

Gib die Kauforder nun mit dem Preis des aktuellen MA9 Wertes ein. Kaufe so viele Aktien, wie du es dir leisten kannst. Gib sogleich die Verkaufsorder ein, deren Preis sich beim letzten Höchstpunkt des MA9 befindet. Dazu kommt noch deine Flucht bzw. Stop Loss Order, die ein wenig unter dem letzten Tiefpunkt des aktuellen Kurses liegt.

Erholt sich der aktuelle Kurs nun wie erwartet, wird die Aktie entsprechend gekauft und beim entsprechenden Maximum verkauft. All das geschieht automatisch. Du musst nur darauf achten, dass du die Aktie nicht zu lange hältst, sollten die Kursschwankungen unerwartet flacher ausfallen und die eingestellten Limits nicht über- bzw. unterschreiten. Auch hier gilt, je kürzer du die Aktie hältst, desto besser. Das absolute Maximum ist eine Woche.

Das Swing Setup

Das 9/30 Setup nutzt im Grunde genommen nur einen Chart und zwei Charts zur Ergänzung bzw. Bestätigung. Das Swing Setup dagegen nutzt als Minimum zwei Charts, die du gleichzeitig ablesen musst. Damit solltest du gut darin sein, die Charts auf einen

Blick auszuwerten. Auch hier gibt es wieder zwei verschiedene Varianten. Die erste Variante nutzt lange Zeiträume und ist einfacher umzusetzen und die zweite Variante verwendet kürzere Zeiträume und ist ein wenig komplizierter aufgebaut.

Der lange Zeitrahmen

Der lange Zeitrahmen nutzt nur zwei Charts und ist darauf ausgelegt, die Aktie für Tage und Wochen zu halten. Damit hast du mehr Zeit für deine Entscheidungen und du musst weniger Informationen verarbeiten. Vor allem aber solltest du für dieses Setup Aktien auswählen, die eine sehr eindeutige Entwicklung in ihren Trends aufweisen.

Für das Swing Trading mit einem langen Zeitrahmen rufst du für eine Aktie zwei Charts auf. Dies ist einmal der Wochenchart. Dieser erlaubt es dir, den allgemeinen Trend der Aktie zu erkennen. Dazu kommt der Tageschart. Dieser zeigt dir, wann der richtige Moment zum Kauf kommt.

Hast du schon mehr Erfahrung mit den Charts, dann lohnt es sich, auch die gleitenden Durchschnitte einzublenden. Hier ist vor allem der MA20 und der MA9 zu empfehlen. Diese helfen dir zu bestätigen, was dir die aktuellen Kurse zeigen und sie halten dich davon ab, auf die falsche Aktie zu setzen.

Wenn du noch sicherer sein möchtest, kannst du sogar noch einen dritten Chart hinzuziehen. Dieser sollte den Kurs des ganzen Monats anzeigen und dient ebenfalls der Bestätigung, dass du auf die richtige Aktie setzt.

Such nach einer Aktie, deren Wochenkurs und eventuell auch Monatskurs langsam ansteigt. Der Anstieg sollte stetig sein und kann ruhig sanfte Steigungen mit steileren kombinieren, doch es sollte keine starken Zacken nach unten geben. In einem Kerzenchart sollten die Kerzen und vor allem die Dochte dabei nicht zu lang sein.

Im Tageschart sollte die gleiche Aktie nun deutliche Bewegungen zeigen, aber auch hier sollten sie eher sanften Kurven als starken Zacken entsprechen. Das heißt, wenn du dir einen Tageschart mit Stundenkerzen aufrufst, sollten diese ein Auf und Ab zeigen, ohne selbst zu lang zu sein oder zu lange Dochte aufzuweisen.

Konzentriere dich nun auf den Tageschart. Sobald die Aktie einen Tiefpunkt erreicht hat, der einem vorherigen Tief entspricht, gibst du eine Kauforder ein. Diese sollte mit ihrem Preis ein wenig über dem Tief liegen. Gib zugleich eine Kauf Stopp Order ein, die den Kauf der Aktie beendet, sobald deren Preis beim gleitenden Durchschnitt des aktuellen Tages angekommen ist. Dazu kommt eine Stopp Loss Order die ein wenig unter dem Tief des letzten Tages liegt.

Beobachte die Aktie nun in den folgenden Tagen und achte darauf, dass sich der Trend nach oben fortsetzt. Nutze dafür den Wochenchart und schalte dazu auch den MA9 dazu. Sobald der MA9 anfängt, abzuflachen, verkaufst du die Aktie. Dafür gibst du eine Verkaufsorder ohne Preis ein und eine Stopp Order mit dem Preis des letzten Tagesdurchschnitts.

Der kurze Zeitrahmen

Der kurze Zeitrahmen verwendet den Monats-, Wochen- und Tageschart. Hierbei geht es nicht darum, einen sanften Aufstieg, sondern starke Kursänderungen auszunutzen. Dafür legst du noch den MA7 und den MA20 in die Charts. Der MA20 darf ruhig waagerecht verlaufen, sollte aber nicht abfallen. Der MA7 darf aufwärts und abwärts schwingen.

Willst du richtig kurzfristig vorgehen, kannst du das Setup auf den Wochen-, Tages- und Stundenchart legen. Das erlaubt es dir, auch noch die kleinsten Veränderungen auszunutzen. Aber auch hier brauchst du den MA7 und den MA20 zur Anzeige des Trends.

Ziel ist es, eine Aktie zu finden, deren Schwankungen es dir erlauben, über den Tag hinweg oder über zwei Tage einen kleinen Profit zu machen. Der Vorteil ist es hier, dass die Aktie idealerweise mehrmals pro Tag oder in wenigen Tagen ein deutliches Hoch und Tief durchläuft, so dass du in diesem Zeitraum mehrmals deinen Profit machen kannst.

Dieses Setup hat jedoch ein kleines Risiko. Das liegt darin, dass die Aktie sich hier in einer Konsolidierungsphase befindet und schnell umkippen kann. Daher solltest du auf keinen Fall die Stopp Loss Order vergessen, die einen Preis ein wenig unterhalb des letzten Kurstiefs aufweist.

So wirst du ein Profi

Um ein Profi zu werden, musst du eine Strategie haben und motiviert sein. Nur so schaffst du es durch die Anfangszeit, in der wenig geschieht und du leicht einen Verlust machen kannst. Das hängt aber auch damit zusammen, was dein Ziel ist.

Die Basis

Egal, wie du vorgehen möchtest, du brauchst ein Depot. Bevor du jedoch ein echtes Depot eröffnest, solltest du ein Musterdepot nutzen. Dieses erlaubt es dir, wie mit einem echten Depot zu handeln. Du nutzt jedoch kein echtes Geld und kannst damit weder einen Verlust noch einen Gewinn machen. Du kannst jedoch dein Können probieren und deine Strategien entwickeln.

Das langfristige Investieren

Hast du dich mit deinem Musterdepot angefreundet, kannst du nun ein echtes Depot eröffnen. Willst du langfristig investieren, kannst du dich an Investmentfonds oder ETFs halten. Diese nehmen dir eine Menge Arbeit ab und erleichtern dir den Einstieg mit wenig Geld.

Zielst du auf das Daytrading ab, dann ist es gleich am Anfang wichtig, direkt in Aktien einzusteigen. Such dir ein paar gute Unternehmen aus. Vergleiche ihre Kurse und kaufe die Aktien. Halte sie und beobachte, was du damit erreichen kannst.

Das kurzfristige Trading

Hast du in deine ersten Aktien investiert, dann wird es Zeit, Kursgewinne mitzunehmen. Plane ruhig für Monate und Jahre. Sobald die Kurse deutlich gestiegen sind, kannst du die Aktien wieder losschlagen. Nutze die Erfahrung um dann in neue Aktien zu investieren. Dieses Mal planst du aber nur für Monate. Sobald du damit ein paar Kursgewinne mitgenommen hast, wird es Zeit, die Zeiträume erneut zu verkürzen.

Im nächsten Schritt achtest du nicht mehr auf die Unternehmen. Du nutzt nur noch die Charts für die Kursanalyse und wählst danach die Aktien aus. Diese verkaufst du dann innerhalb weniger Tage oder Wochen. Wiederhole das Ganze schneller und schneller, bis du die Aktien tatsächlich nur noch Stunden oder Tage hältst.

Machst du auf diese Weise nach und nach einen steigenden Profit, dann hast du es zum Daytrader geschafft. Herzlichen Glückwunsch.

Impressum:

Rocka Maldini
120, Old Railway Track
SVR 9017
Santa Venera
Malta
malta.publishing@gmail.com

Printed in Germany
by Amazon Distribution
GmbH, Leipzig

21279596R00066